\かわいい！かんたん！/
子どもと作って遊ぶ
季節の製作アイデア

著 いしかわ☆まりこ

小学館

もくじ

春

3～5月 お花を作ろう
- 紙を切って貼るだけ 平面お花 …… 4
- 折り紙を切って巻いて作る 立体お花 …… 6
- プレゼントにもなる お花ブローチ …… 7

4～5月 こいのぼり
- 横に並べて飾れる 吊るしこいのぼり …… 8
- 吊るしこいのぼりのアレンジ集 …… 10
- 着せ替えて遊べる おしゃれこいのぼり …… 12
- アートを楽しむ オリジナル模様のこいのぼり …… 14
- みんなで作る 大きなこいのぼり …… 15

初夏

6～7月 てるてるぼうず
- いろいろ素材のてるてる坊主 大集合！ …… 16

夏

7～8月 七夕を飾ろう
- 身近な素材で作る かんたん七夕飾り …… 20
- 伸びて楽しい 切り紙の飾り …… 23
- つなげて楽しい カラフル笹飾り …… 24
- きらり☆ユニーク飾りのアイデア …… 25
- 折り紙で作る すてきな織姫と彦星 …… 26
- 星がきらめく 天の川を作ろう …… 28
- みんなで作る 大きな吹き流し …… 30

さらにヒント！
- いつもの短冊をもっと楽しく！ …… 25
- 一人ひとりの作品をスペシャルに飾ろう …… 31

秋

9～10月 楽しいお月見
- 十五夜に飾る お月さまへの贈り物 …… 32
- うさぎと楽しむ お月見遊び …… 34

10月 ハロウィーン
- 迫力満点！ ハロウィーンの主役たち …… 38
- 遊べて飾れる おばけおもちゃ …… 42
- 変身グッズでおばけになりきろう！ …… 44
- 素材いろいろ ハロウィーンバッグ …… 46
- 飾って楽しい ハロウィーンカード …… 50

さらにヒント！
- もらってうれしい ミニパッケージ …… 51

冬

11～12月 クリスマス
- 身近な素材でかんたん オーナメント大図鑑 …… 52
- 仕掛けが楽しい クリスマスカード …… 59

さらにヒント！
ポストを用意して サンタへ手紙を送ろう …… 61

12～1月 年賀状を作ろう
- 身近な素材で ポンポンスタンプ遊び …… 62

さらにヒント！
スタンプを楽しむ 年賀状アイデア集 …… 63

1～2月 節分を楽しむ
- 手作りオニで豆まきごっこ …… 64
- ひとり1個の豆入れセレクション！ …… 68
- あったら楽しい 節分アイテム …… 70

さらにヒント！
豆まきが盛り上がる 手作り豆のアイデア …… 69
保育室に吊るして こわいオニを撃退！ …… 71

早春

2～3月 ひなまつり
- 飾りつけが楽しい 小さなひな壇 …… 72
- 個性いっぱい マイおひなさまを作ろう …… 74
- 身近な素材でひと工夫 遊べるおひなさま …… 78

さらにヒント！
あると楽しい 飾り小物 …… 73

\ はじめに /

　この本では、春夏秋冬それぞれの季節に合わせて子どもと一緒に作って遊べる、かわいくてかんたんな製作アイデアをたくさん紹介しています。忙しい保育者さんに向けて、子どもたちとスムーズに製作できるヒントも満載で、いますぐ役立つ1冊になっています。
　どれも身近な材料を使っていますが、材料にはそれぞれにおもしろさや特徴があります。
　ちぎったり丸めたり、切ったり貼ったりつなげたり。子どもたちは材料に向き合って製作する中で、想像する、工夫する、表現する、集中して作り上げることなど、大切な力を身につけていきます。製作には子どもたちの未来に役に立つ要素がたくさん詰まっています。
　この本で紹介している作品は、作ったあとに遊べたり飾ったりできるものばかりです。完成したら終わりではありません。自分の作品を友だちと見せ合って一緒に遊んだり、保育室に大切に飾ってもらうことは、子どもにとってとてもうれしいことです。作ったものに愛着が生まれたり、自己肯定感にもつながるでしょう。おうちに持って帰れば、保護者はきっと、子どもの成長を感じることができます。
　うまく作れることも素晴らしいことですが、一番大切にしたいのは、楽しく製作すること、そして自分なりの表現をすることです。
　四季を感じる製作物で彩り豊かな毎日を、子どもたちと一緒に楽しんでくださいね！

いしかわ☆まりこ

春 お花を作ろう

3～5月

お散歩先で、色鮮やかな花との出会いも増えてくる春。子どもと一緒に、保育室にお花をいっぱい咲かせましょう。誕生日のプレゼント、行事の飾りなど、一年中楽しめます。

紙を切って貼るだけ 平面お花

折り紙や紙テープを使ったかんたん紙切り遊びで、かわいいお花を作りましょう。模造紙や色画用紙いっぱいにペタペタ貼ると、まるでお花畑のよう!

花びら4枚のかんたんお花

ふわふわタンポポ

なかよしチューリップ

ふわふわタンポポ

紙テープを重ねてふわふわの花を作りましょう。

材料:紙テープ

作り方:紙テープを10cm、8cm、6cm各4枚ずつ切る(あればピンキングばさみで端を切る)。それぞれの長さごとにイラストのように重ねて貼る。10cm、8cm、6cmの順にずらして重ね、真ん中にのりで貼る。

★紙テープの長さや重ねる枚数、順番は一例。自由に切って重ねてみよう。

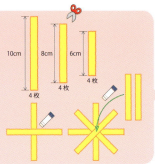

黄色をメインに、オレンジの紙テープを混ぜると素敵!

白い紙テープで作ると綿毛みたい!

花びら4枚のかんたんお花

切り方を少し変えると、クローバーも作れます。

材料：折り紙、丸シール
作り方：

①折り紙を三角に半分に折る。左右の角を真ん中に合わせて折り、半分に山折りにする。

②イラストのようにはさみで切り、広げて真ん中に丸シールなどを貼る。

左のイラストのように切ると、クローバーのような形に！

お花を作ろう　春

ストローをつけて開花を楽しもう！

作った花をもう一度折り、裏面にストローをセロハンテープで貼ると、手に持って遊べる。花びらを広げていくのが楽しい！

つぼみ　開いてきた！　咲いたよ！

花に顔をつけたり、メッセージを書けば、お誕生日のプレゼントにもピッタリ。

プレゼントにも

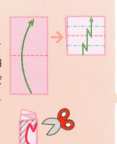

おめでとう！

飾り方のヒント

リボンに並べて両面テープなどで貼って、お花のオーナメントに。

なかよしチューリップ

葉っぱと葉っぱでつながるおもしろさ！

材料：折り紙
作り方：

①半分に切った折り紙を縦半分に折る。これを、四等分になるようにじゃばらに折る（半分に2回折って折り目をつけておくと、等分に折りやすい）。
②イラストのように重ねて切って、やさしく広げる。

5

折り紙を切って巻いて作る 立体お花

折り紙を折って、切って、くるくる巻いて、立体のお花に仕上げましょう。
一輪ずつプレゼントにしてもいいし、花束やアレンジメントごっこも楽しめます。

ガーベラ　折り紙の色選びも楽しみましょう。

材料：折り紙、ペットボトルのふた、ストロー

作り方：①半分に切った折り紙を横半分に折り、イラストのように切り込みを入れる。

②ペットボトルのふたの側面に両面テープを貼って穴を上にし、①を端から巻きつけて、巻き終わりをセロハンテープでとめる。

③花びらを手で広げる。ストローの先に4か所切り込みを入れて十字になるように開き、②のふたの裏面にセロハンテープでとめる。

④丸めた折り紙をふたのへこみに詰めて完成！

カーネーション　茎にリボンを結んでプレゼントにも！

材料：折り紙、ストロー

作り方：①半分に切った折り紙を横半分に折り、イラストのように切りこみを入れる。これを2枚作る。

②2枚を横に並べ、セロハンテープで貼り合わせる。

③ストローの先に②の下の端をセロハンテープで貼り、くるくると巻きつけて、巻き終わったら下部分とストローの段差を覆うようにセロハンテープをしっかりと巻きつける。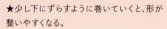

★少し下にずらすように巻いていくと、形が整いやすくなる。

④花びらの輪に指を入れて開くようにして、ふっくらと形を整える。

バラ　ゆるめに巻いていくのがポイント！

材料：折り紙、ストロー

作り方：

①折り紙いっぱいにうずまきを薄く下書きする。

②①で描いた線に沿って波線状に切る（最初に波線を下書きしておいてもよい）。

③②の端をストローに貼って、ゆるめに巻きつけていき、巻き終わったら下の部分をセロハンテープでとめる。

ストロー小花で華やかに！

ストローの先に4〜5か所の切り込みを入れて広げると、可憐な小花に！立体お花と一緒に飾りましょう。

飾り方のヒント
大きい紙コップの底に切り込みを入れて、作った立体お花を飾りました。飾るお花の本数によって切り込みの大きさを調整するのがポイントです。

春　お花を作ろう

作ったお花を束ねて、梱包用シートとリボンで花束に。特別な日のプレゼントにもピッタリ！

花束も素敵！

プレゼントにもなるお花ブローチ

カラフルなアクセサリーは、春の気分にピッタリ。
お誕生日会など晴れやかな日にも身につけたい、お花のブローチを作りましょう。

フラワーブローチ
丸めたお花紙で作るかんたんブローチです。

材料：折り紙、色画用紙、お花紙
作り方：①折り紙を「花びら4枚のかんたんお花」（5ページ）の要領で切る。
②丸めたお花紙5個を①にのりで貼り、ひっくり返して裏に色画用紙の葉っぱをのりで貼る。
③葉っぱの上に広く粘着テープ（あるいは養生テープ）を貼る。

粘着テープ

ブローチのつけ方
ブローチは輪にした養生テープで、洋服につけると◎。あらかじめ養生テープを貼る面を粘着テープでカバーしておくと破れにくくなる。

タンポポやガーベラでもできる！

タンポポ（4ページ）、ガーベラ（6ページ）にリボンを貼れば、素敵なブローチに変身！

紙テープで作るタンポポも裏面に粘着テープを貼っておくと破れにくくなる。

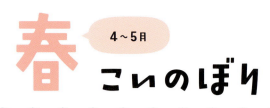

春 4〜5月 こいのぼり

散歩の途中で、大きなこいのぼりを目にしたら…。
さっそく子どもと一緒に、こいのぼりを作りましょう。
身近な素材ですぐに取り組める、アイデアを集めました。

横に並べて飾れる 吊るしこいのぼり

身近な素材に折り紙や色画用紙で目やうろこをつけて小さなこいのぼりを作りましょう。
みんなのこいのぼりを並べて吊るせば、保育室もにぎやかに。持って遊べる・持ち帰りできるアイデアも紹介します。

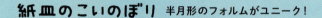

紙皿のこいのぼり 半月形のフォルムがユニーク！

材料：紙皿、折り紙、色画用紙
作り方：①紙皿を半分に折り、切った折り紙を自由にのりで貼る。
②色画用紙で作った目をのりで貼って完成。
★ひもに直接引っかけて飾るほか、ひもをつけてぶら下げてもOK。

矢車1

矢車2

封筒のこいのぼり

ペンやクレヨンでうろこを描いてもOK！

材料：長封筒、折り紙
作り方：①長封筒のふたの部分をV字に切って尾びれにする。
②折り紙を切ってうろこや目を作ってのりで貼り、ひげをクレヨンなどで描く。

ペットボトルのこいのぼり

中に荷造り用テープを入れて涼やかに。

材料：ペットボトル、荷造り用テープ、折り紙、色画用紙
作り方：①ペットボトルに荷造り用テープを入れてふたをする。
②折り紙を切ってうろこを作り、色画用紙で目を作って、それぞれ両面テープで貼る。

飾り方のヒント

こいのぼりを同じ向きに吊るすと、風を受けて一方向になびく姿がイメージできて雰囲気が出ます。どのこいのぼりも軽いので、ひもにマスキングテープで貼っても◎。

春 こいのぼり

矢車1
トイレットペーパーの芯に金色の折り紙をのりで貼る。乾いたら切り込みを入れて、外に折り広げる。

矢車2
紙コップを底から3分の1ぐらいのところで切る。底に向かって縦に切り込みを入れて外に折り開く。底の真ん中に金色の折り紙を丸めてのりで貼る。

矢車3
紙コップを半分ぐらいに切る。底に向かって、縦に切り込みを入れて外に折り開く。

矢車3

吹き流し

ポリ袋のこいのぼり
セロハンの色選びも楽しみましょう。

材料：ポリ袋、カラーセロハン、モール、色画用紙や折り紙など
作り方：①透明のポリ袋に丸めたセロハンを入れ、尾びれの部分をモールでとめる。
②色画用紙や折り紙で目やひれ、うろこを作って、両面テープで貼る。

トイレットペーパーの芯のこいのぼり
筒にひもを通して、かんたんに吊るせます。

材料：トイレットペーパーの芯、千代紙、丸シールなど
作り方：①トイレットペーパーの芯に千代紙を巻いてのりで貼る。
②丸シールやペンで目やひげをつける。

吹き流し
細長く切った5色の色画用紙（青、白、赤、黒または紫、黄色）を並べて端でつなげる。紙テープや荷造り用テープなどを使ってもよい。

9

吊るしこいのぼりのアレンジ集

吊るしこいのぼり（8〜9ページ）をひと工夫して、
置いて、立てて、持って遊べるこいのぼりにアレンジしてみましょう。
小さなこいのぼりだから、持ち帰りもできます。

紙皿のこいのぼり（8ページ）を床に置いてゆらゆら揺らそう

紙皿のこいのぼりは置いて飾ることもできます。
指で触ってはずみをつけてやると、ゆらゆら揺れて楽しい！

子どものこいのぼり

色画用紙を丸く切って矢車を作り、棒の先に貼る。

新聞紙や広告紙を丸めて作った棒。棒の先から吊るすと、持って遊べます。

毛糸などのひもをセロハンテープで貼ってつなげる。

ポリ袋のこいのぼり（9ページ）を魚らしいフォルムのカサ袋で作ると

半分ぐらいのところで切ったカサ袋を使うと、よりこいのぼりらしいフォルムになります。
お花紙を入れて尾びれの部分をモールで閉じ、油性ペンで模様を描きましょう。
ひれや目などは色画用紙を切って貼ります。

春 こいのぼり

棒の先にくしゃくしゃにした金色の折り紙をかぶせるようにしてセロハンテープで貼る。

ペットボトルのこいのぼり（8ページ）は
色水を入れて
涼やかなこいのぼりに

ペットボトルに水と絵の具を少量入れ、しっかりとふたを閉めてよく振って混ぜます。マスキングテープと丸シールで、うろこや目をつけて完成。窓辺に飾ると光を通してきれい！

封筒のこいのぼり（8ページ）を
棒に直接貼って
本格的なこいのぼりに！

棒にこいのぼりを並べてのりで貼ります。大中小のこいが並ぶと楽しい！

飾るときはふたが開かないようにビニールテープを巻いておこう。

トイレットペーパーの芯のこいのぼり（9ページ）は
同じ大きさの
吹き流しも作ろう

トイレットペーパーの芯で吹き流しも作ると、こいのぼりとサイズもピッタリ。ひもでつなげると、縦型フラッグのよう！

棒の先に好きな矢車（9ページ）をセロハンテープで貼る。

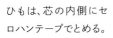

トイレットペーパーの芯に細く切った色画用紙を貼って吹き流しに。

ひもは、芯の内側にセロハンテープでとめる。

折り紙に模様を描いて貼っても楽しい。

着せ替えて遊べる おしゃれこいのぼり

トイレットペーパーの芯で作る小さなこいのぼり。好きな衣装をつけて、着せ替えて遊びましょう。ストローをつけて飾っても楽しい！

こいのぼり（本体）

あまり飾らずシンプルにすると、衣装が際立ちます。

材料：トイレットペーパーの芯、折り紙、丸シール

作り方：①トイレットペーパーの芯に折り紙を巻いてのりで貼る。折り紙の残った部分は内側に折り込む。
②片方の端をイラストのように折りたたむ。
③目玉（丸シール）を貼り、うろこをクレヨンなどで描く。

こいのぼりの衣装

模様を描いたり紙やテープを貼って、素敵な衣装を作りましょう。

材料：トイレットペーパーの芯、折り紙や千代紙、シール、荷造り用テープ、紙テープなど

作り方：①トイレットペーパーの芯にイラストのように縦に切り込みを入れる。3分の2ほどの長さのところで切る。
②折り紙や千代紙を貼る。紙テープなどを貼ったり、クレヨンなどで模様を描いたりして自由に飾る。

切り込みはそのまま。

裏

春 こいのぼり

ひらひらがついた！

ちぎり紙のうろこだよ！

スカートみたい！

衣装の着せ方

こいのぼりに、衣装の切り込みをはめて着せる。

\ 飾る & 持ち帰るアイデア！ /

ストローにつければ、空を泳ぐこいのぼりに。このまま着せかえもできます。

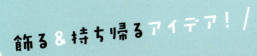

こいのぼりの口にイラストのように4か所切り込みを入れて外側に折り、ストローをはめてセロハンテープでとめる。

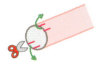

13

アートを楽しむ オリジナル模様のこいのぼり

ビー玉を転がして作る素敵な模様の紙で、こいのぼりを作りましょう。
縦につなげて吊るすとタペストリー風で素敵！

コロコロアートのこいのぼり

紙の上に模様がついていく様子を楽しみましょう。

材料：紙箱のふた（または浅めの箱）、色画用紙、絵の具、ビー玉、荷造り用テープ、毛糸などのひも

作り方：①「コロコロアートのやり方」（右下）の要領で模様をつけた紙を作り、よく乾かしておく。
②こいのぼりの形に切って、色画用紙で目玉を作りのりで貼る。
③こいのぼりを荷造り用テープにセロハンテープで貼ってつなげる。色画用紙を丸めた棒を上下に貼り、毛糸などのひもを結んでつける。

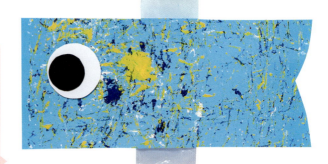

みんな違っておもしろい！

コロコロアートのやり方

箱のふたに色画用紙を敷き、好きな絵の具を少しずつのせる。
ビー玉3個ほどを入れて、箱を揺らしてコロコロ転がす。

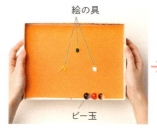 

絵の具

ビー玉

みんなで作る 大きなこいのぼり

切った紙皿に自由に模様をつけて模造紙に飾れば、大きなこいのぼりの完成！
最初にこいのぼりの形を作ってうろこをひとつふたつ貼っておくと、イメージがしやすくなります。

春 こいのぼり

紙皿うろこのこいのぼり
大きなこいのぼりのベースは、マスキングテープでかんたん！

材料：模造紙、マスキングテープ、色画用紙、深めの紙皿、折り紙、セロハン、丸シール、毛糸など

作り方：①模造紙にマスキングテープをこいのぼりの形に貼る。色画用紙で、目、ひげを作ってのりで貼る。
②深めの紙皿をイラストのように切り、折り紙をのりで貼ったり、ペンやクレヨンなどで模様を描いてうろこを作る。
③①に②のうろこをセロハンテープで貼って、こいのぼりを仕上げる。
④色画用紙で家や雲を作ってのりで貼る。

いろいろあるとおもしろい！

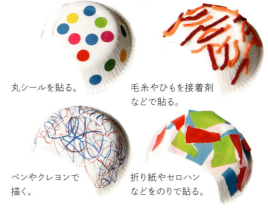

丸シールを貼る。

毛糸やひもを接着剤などで貼る。

ペンやクレヨンで描く。

折り紙やセロハンなどをのりで貼る。

初夏 6〜7月 てるてるぼうず

雨の日も楽しいけれど、やっぱり「晴れ」が大好き！
子どもと一緒に「あした、天気になあれ！」と願いながら
ユニークなてるてるぼうずを作ってみましょう。

いろいろ素材のてるてるぼうず大集合！

丸い頭と、裾広がりの体…。昔ながらのてるてるぼうずも
素材や作り方をひと工夫したら、世界にひとつの素敵な作品に！
みんなのてるてるぼうずを並べて飾れば、きっと明日はいい天気！

梱包用シートのてるてるぼうず
プチプチ面とツルツル面、どっちが表になってもOK！

材料：梱包用シート、輪ゴム、リボン、モールなど
作り方：丸めた梱包用シートを別の梱包用シートでくるみ、首を輪ゴムでしっかりとめて、リボンを飾りに。

小さい！
大きい！

キッチンペーパーのてるてるぼうず
いつものてるてるぼうずをバージョンアップ！

材料：ティッシュペーパー、キッチンペーパー、輪ゴム、ひもなど
作り方：丸めたティッシュペーパーをキッチンペーパーでくるみ、首を輪ゴムでとめる。

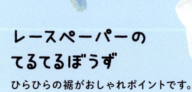

レースペーパーのてるてるぼうず
ひらひらの裾がおしゃれポイントです。

材料：ティッシュペーパー、レースペーパー、輪ゴム、リボン、ひもなど
作り方：丸めたティッシュペーパーをレースペーパーでくるむ。首を輪ゴムでとめ、リボンを結ぶ。

てるてるぼうず共通のポイント

- 顔は、ペンやクレヨンで描くか、丸シールなどを貼りましょう。
- 飾りのリボンや毛糸は、巻いて結んだり、両面テープで貼ります。
- ひもやリボン、モールをセロハンテープで貼って吊るします。

初夏 てるてるぼうず

はぎれのてるてるぼうず
いろいろな色、柄の布で作ってみましょう。

材料：ティッシュペーパー、はぎれやハンカチ、輪ゴム、リボンなど
作り方：丸めたティッシュペーパーを適当な大きさのはぎれやハンカチでくるんで首を輪ゴムでとめる。

コーヒーフィルターのてるてるぼうず
三角っぽい形がてるてるぼうずのフォルムとマッチ！

材料：コーヒーフィルター、色画用紙、リボン、ひもなど
作り方：①コーヒーフィルターに、水性ペンで点々模様を描き、水滴を垂らしてにじませ、乾かしておく。
②丸く切った色画用紙に顔を描き、①にのりで貼ってリボンを飾る。

ドレスみたい！

お花紙のてるてるぼうず
ドレスみたいなボディがチャームポイントです。

材料：お花紙、ティッシュペーパー、毛糸、ひもなど
作り方：①丸めたティッシュペーパーをお花紙でくるみ、首を輪ゴムでとめる。
②お花紙5〜6枚を重ねて花を作り、①の体にのりで貼る。体の裾を丸く切り、毛糸を結ぶ。

17

ペーパーナプキンのてるてるぼうず

いろいろな柄のペーパーが揃いやすいのが魅力。

材料：ペーパーナプキン、ティッシュペーパー、輪ゴム、モールなど
作り方：丸めたティッシュペーパーをペーパーナプキンでくるみ、首を輪ゴムでとめる。
★真ん中のてるてるぼうずは、白いペーパーナプキンを2枚重ねて使った。

油こし紙のてるてるぼうず

油こし紙の丸い形を生かしたアイデアです。

材料：油こし紙、ティッシュペーパー、輪ゴム、ひもなど
作り方：丸めたティッシュペーパーを油こし紙でくるみ、首を輪ゴムでとめる。
★右は油こし紙1枚、左は2枚を重ねて使った。

靴下のてるてるぼうず

袋状になっているから丸い頭もかんたん。

材料：靴下、綿、輪ゴム、モール
作り方：靴下のつま先に綿を入れ、首を輪ゴムでとめる。右側のてるてるぼうずのように、はき口の部分を内側に折り込んでもよい。モールを靴下の編み目に通して吊るしひもにする。

ネコ型てるてる！

封筒のてるてるぼうず

飛び出したふたつの角が、まるで耳のよう！

材料：長封筒、ティッシュペーパー、輪ゴム、リボン、ひもなど
作り方：①封筒の口の部分を切り取り、長い袋状にする。
②丸めたティッシュペーパーを①に詰めて、首を輪ゴムでとめる。

新聞紙のてるてるぼうず
大きいのも小さいのも自由自在に作れます。

材料：新聞紙、太い輪ゴム、折り紙、リボン、ひもなど
作り方：①新聞紙を丸めて新聞紙でくるみ、首を太い輪ゴムやセロハンテープでとめる。
②折り紙や丸シールなどを貼って飾る。
★大きいほうは新聞紙2面分（見開き）、小さいほうは新聞紙1/2面分を使った。

透明ポリ袋のてるてるぼうず
中に入れる折り紙や包装紙の色を工夫してみましょう。

材料：透明ポリ袋、折り紙や包装紙、輪ゴム、リボン、ひもなど
作り方：①透明ポリ袋を切り開き、正方形のシート状にする。
②丸めた折り紙を①でくるみ、首を輪ゴムでとめ、折り紙などを貼って飾る。

排水口ネットのてるてるぼうず
裾を外側にまくり上げるように形を整えると素敵！

材料：ティッシュペーパー、排水口ネット、輪ゴム、リボン、モールなど
作り方：ティッシュペーパーで作ったてるてるぼうずに排水口ネットをかぶせて、首を輪ゴムでとめてリボンを結ぶ。

夏 7〜8月 七夕を飾ろう

年に1度、織姫と彦星が巡り合うという七夕。
夏の訪れを感じたら、子どもと一緒に準備を始めましょう。
かんたんに取り組める、七夕製作のアイデアをご紹介します。

身近な素材で作る かんたん七夕飾り

七夕の定番飾りのかんたん・かわいいアイデアを集めました。
使うのは折り紙や画用紙など身近な素材ばかり。
飾りに短冊をつけて、願いごとを書いてもいいですね。（作り方は22ページ）

巾着
財布を意味する
巾着は、
ポリ袋で作ると
きれい！

織姫・彦星の飾り
織姫と彦星は、
ふたりを貼り合わせると素敵。

星の吹き流し
青・赤・黄・白・黒（紫）の
吹き流しを飾りましょう。

金魚だよ！

作り方は22ページへ →

夏 七夕を飾ろう

輪つなぎ
七夕飾りの輪つなぎの上に、折り紙の飾りをつけました。複数色の折り紙を使うと、見る角度で色が変わってきれい！

三角に折ってひし形。見る角度で色が変わる！

スイカ
豊作を祈って飾る夏野菜。

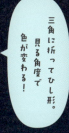

彦星の紙衣
七夕飾りの紙衣を、彦星バージョンで作りました。短冊にして願いごとを書きましょう。

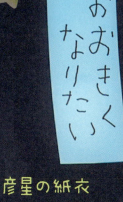

織姫の紙衣！

織姫のつなぎ飾り
七夕飾りの三角つなぎや四角つなぎをアレンジ！

彦星のつなぎ飾りも作ろう！

かんたん七夕飾り（20～21ページ）の作り方

七夕飾り共通のポイント

・ひもや毛糸をセロハンテープで貼って吊るします。
・模様や顔の表情をペンやクレヨンで描きましょう。

巾着

材料：折り紙、ポリ袋、マスキングテープ
作り方：①自由に折った折り紙をポリ袋に入れ、首を絞ってマスキングテープなどでとめる。

星の吹き流し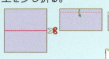

材料：色画用紙、折り紙
作り方：①色画用紙と金色の紙で大小の星を切り、のりで貼り合わせる。
②裏に細長く切った色画用紙（5色）をのりで貼る。

織姫・彦星の飾り

材料：折り紙、画用紙、リボン
作り方：①半分に切った折り紙の上を少し折る。
②裏返して、左、右の順に折る。
③画用紙で顔を作って、②にのりで貼る。
④織姫は、リボンをイラストのようにして裏にセロハンテープで貼る。

輪つなぎ

材料：折り紙、ひも
作り方：①小さな折り紙4枚をそれぞれ半分に折り、3枚をイラストのようにのりで貼り合わせる。

②ほかの折り紙で作った輪つなぎにひもを結び、そのひもをはさむようにして①で用意した折り紙をイラストのようにのりで貼り合わせる。

スイカ

材料：折り紙
作り方：①赤と緑の折り紙を、それぞれ赤3分の2、緑3分の1に切り、のりで貼ってつなげる。赤の折り紙にペンでタネを描く。

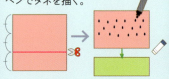

②イラストのようにじゃばらに折って上をセロハンテープでとめ、下を広げる。

彦星の紙衣

材料：色画用紙、画用紙、マスキングテープ
作り方：①短冊形に切った色画用紙の上の両角を折り、裏返す。
②細く切った折り紙を、イラストのように斜めに折り、もう一方も斜めに折ってVの形にする。
③①の上部に②をのりで貼る。はみ出したVの先は背側に折り込む。マスキングテープの帯、画用紙で作った顔をのりで貼る。

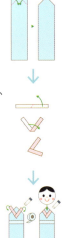

織姫のつなぎ飾り

材料：折り紙、画用紙

作り方：
①折り紙を三角に折る。
②イラストのように折って戻す。
③折り目を目安に、角を折る。
④反対側の角も折る。
⑤上の三角1枚を下に折って上下の向きを変える。折った三角は裏にのりで貼る。
⑥⑤をたくさん作って、内側にはめるようにつなげてのりで貼る。画用紙で作った顔を、のりで貼る。

伸びて楽しい 切り紙の飾り

折り紙を折って、はさみで切り込みを入れて、そっと丁寧に開くと…。
開いたときの驚きも楽しい七夕飾りです。
下に少し重さを出すと、切り紙がきれいに伸びます。

夏 七夕を飾ろう

貝つなぎ
七夕飾りの定番・貝飾りを好きな色で作ってつなげましょう。

天の川
上下に貼ったストローと紙コップ人形がポイントです。

網飾り
星のほどよい重みで、網がきれいに広がります。

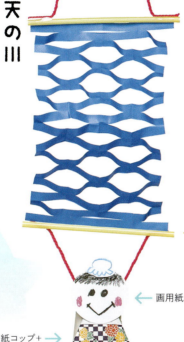
← 画用紙
紙コップ＋千代紙

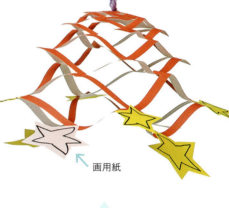
← 画用紙

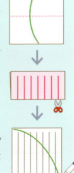

材料：折り紙、ひも
作り方：①折り紙を半分に折る。
②イラストのように切り込みを入れる。
③折り目を開いて斜めに丸めて、角と角をのりで貼る。
仕上げ：たくさん作って、のりでつなぎ合わせる。

材料：折り紙、ストロー、紙コップ、画用紙、千代紙、ひも
作り方：①折り紙をイラストの向きに半分に折る。
②さらに半分に折る。
③イラストのように左側から切り込みを入れ、切り込みと切り込みの間の真ん中に右側から切り込みを入れる。
仕上げ：折り目を開いて、上下の辺にセロハンテープでストローをつける。上下にひもをつけ、下に紙コップ人形をセロハンテープで貼って吊るす。

材料：折り紙、色画用紙、ひも
作り方：①折り紙をイラストの向きに半分に折る。
②イラストの向きに半分に折る。
③イラストの向きに半分に折る。
④イラストのように左側から切り込みを入れ、切り込みと切り込みの間の真ん中に右側から切り込みを入れる。
仕上げ：折り目を開いて、真ん中にひもをつける。色画用紙を切って作った星を四隅などにのりで貼る。

つなげて楽しい カラフル笹飾り

同じ形に、折ったり切ったりした折り紙を、長くつなげてみましょう。
色とりどりの折り紙を使えば、とってもカラフル！ ひとつずつでも楽しい七夕飾りになります。

じゃばらつなぎ
つないだときの幾何学的な美しさに注目！

材料：折り紙や千代紙、ひも
作り方：折り紙や千代紙をじゃばらに折る。真ん中でふたつに折り、のりで貼り合わせる。これをたくさん作って組み合わせる。

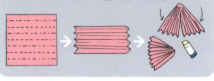

じゃばらの向きを交互にのりで貼り合わせて長くつなげる。

じゃばら4つをのりで貼り合わせて円形にする。

さかなつなぎ
色とりどりのさかなたちをつなげてみましょう。

材料：折り紙、リボン
作り方：

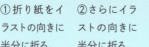

①折り紙をイラストの向きに半分に折る。
②さらにイラストの向きに半分に折る。
③イラストの向きに半分に折り、イラストのように切り込みを入れて、元に戻す。
④裏返して切り込みを折り、目を描く。これをたくさん作ってのりでつなげる。一番上に吊るすリボンをはさんで両面テープで貼る。

きらり☆ユニーク飾りのアイデア

星、空、宇宙…思い思いに発想を広げて、七夕飾りを作ってみましょう。
スチレンカップやプラスチックコップなど、身近な素材で作るアイデアを紹介します。

七夕を飾ろう

小惑星
宇宙を旅したくなるような七夕の日に。

材料：スチレンカップ、紙皿、折り紙、モール
作り方：小さいスチレンカップ2個で紙皿をはさみ、セロハンテープでとめる。折り紙をちぎってのりで貼る。吊るすためのモールは両端5mmほどを折り曲げてから、セロハンテープで貼る。

コップの吹き流し
風が吹くと吹き流しが涼やかに揺れます。

材料：プラスチックコップ、荷造り用テープ、シールやマスキングテープ、リボンなど
作り方：プラスチックコップの口に、細くさいた荷造り用テープをセロハンテープで貼る。シールやマスキングテープで飾りをつけ、吊るすためのリボンなどをセロハンテープで貼る。

星の輪
アルミホイルのキラキラ感は、七夕気分にピッタリ！

材料：色画用紙、たこ糸、アルミホイル、リボン、丸シールなど
作り方：星形に切った色画用紙にセロハンテープでたこ糸をつけ、アルミホイルで作った輪にセロハンテープで貼る。飾りの丸シールなどを貼り、吊るすためのリボンをセロハンテープで貼る。

さらにヒント！ いつもの短冊をもっと楽しく！

願いごとを書く短冊もひと工夫すれば、素敵な七夕飾りになります。

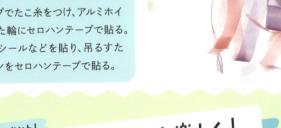

人形を短冊に
顔をつけて織姫、彦星をイメージ。マスキングテープを巻いて帯にする。

子どもの絵を短冊に
子どもが描いた絵を切り取って、そのまま短冊にすると楽しい。穴をあけた紙片を貼れば、作品に穴をあけずにひもなどでぶら下げることができる。

花を短冊につけて
花紙で作った花をつけるとパッと華やか！

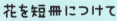

折り紙で作る すてきな織姫と彦星

七夕の物語に欠かせない、織姫と彦星。
ふたりが1年に一度だけ会うことのできる特別な日に
子どもと一緒に思いをはせてみませんか？

織姫と彦星

折り紙で作る織姫と彦星です。星空に見立てた
紙皿に貼れば、置いて飾ることもできます。

材料：折り紙、マスキングテープ、シールなど、画用紙、リボン

作り方：
①三角に折った折り紙をイラストのように置き、左を折る。
②右も同じように折る。
③はみ出た部分を内側に折り込む。
④マスキングテープを帯の位置に貼り、シールなどで飾る。丸く切った画用紙で顔を作ってペンで顔を描き、のりで貼る。
⑤半分に折った折り紙をイラストのように切って開き、織姫の背中にセロハンテープで貼る。羽衣は、少しハリのあるリボンを使ってもよい。イラストのように丸を作って背中で交差させ、セロハンテープで貼る。

星空のステージ

材料：紙皿、折り紙
作り方：折り紙をちぎって貼った紙皿を半分に折り、イラストのように切り込みを入れる。開いて、切り込みを内側に押し出して台にする。ここに、織姫と彦星（またはどちらか）を貼る。

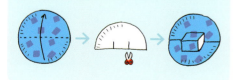

飾り方のヒント

絵の具をスタンプした紙に、星空のステージごと、ランダムに貼るとにぎやか！

夏 / 七夕を飾ろう

> **飾り方のヒント**
> プチプチシートの天の川を敷いて、星空のステージに貼った織姫・彦星を並べました。

プチプチシートの天の川

材料：プチプチシート（気泡入り梱包用シート）、メタリックカラーの折り紙

作り方：大きなプチプチシートのツルツルした面半分に、メタリックカラーの折り紙をちぎってセロハンテープで貼る。

★プチプチシートの上半分を残し、折り紙部分にかぶせられるようにしておくと、2通りの使い方ができる。

> **飾り方のヒント**
> プチプチシートを折って折り紙部分にかぶせると、やわらかい印象に。これを窓に貼り、織姫と彦星を貼りました。

星がきらめく天の川を作ろう

保育室に素敵な天の川を作れば、昼間でも雰囲気満点！
紙や飾り用のモールで作る小さな天の川は、軽いので設置もかんたんです。

伸ばすと2mほどに。壁などに貼って
ぶら下げても雰囲気が出る。

引っぱる上下の2辺は、
裏側にテープを貼って
補強しておくとよい。

切り紙の天の川

大きな紙を切って作る網目模様の天の川。
網目には短冊をぶら下げても素敵です。
まずはスタンプ遊びから始めましょう。

準備　星空をスタンプしよう！

材料：全紙サイズの紙、絵の具
作り方：全紙サイズの紙を長いほうで半
分に切る。小さくカットしたスポンジにか
ために溶いた絵の具を染み込ませ、ギュッ
と強めにスタンプしてよく乾かす。このま
ま飾りにも使える（26ページ）。

天の川の切り方

材料：スタンプした色画用紙
作り方：
①スタンプした紙を縦半分に折って開く。
②折り目に向かって左右を折る。
③半分に折る。

④約3cm幅で、左右交互に切り込みを入れる。最初に片
側に約6cm幅で切り込みを入れ、反対側からその真ん
中に切り込みを入れるとやりやすい。丁寧に開いて、上
下をゆっくりと引っぱって伸ばす。

飾り方のヒント
端の2辺にハンガーをつけておくと、さらに設置がかんたんです。

飾り方のヒント
廊下に設置すれば、天の川のトンネルのよう！

夏 七夕を飾ろう

キラキラモールの天の川

飾り用のモールとハンガーで作るかんたん天の川。
モールの長さはスペースに合わせて調整を。

材料：飾り用のモール、ハンガー
作り方：モール数本を同じ長さに切り、それぞれ、両端をハンガーにひと巻きしてセロハンテープでとめる。モールは多少不揃いでも、雰囲気が出る。

飾り方のヒント
ぶら下げる場合は、下の端をハンガーの代わりに棒状のものにすると◎。

みんなで作る 大きな吹き流し

七夕のお祭り気分を盛り上げてくれる、大きな吹き流し。
子どもたちが作ったカラフルな飾りをつければ、ダイナミックな作品の完成です。

お花いっぱいの吹き流し

一人ひとりの願いごとを書いた短冊をつなげて吹き流しにしてもOK！

カラフル紙玉の吹き流し

丸めた折り紙でカラフルに。包装紙などを使っても素敵です。

材料：プラスチックザル2個、お花紙、ひも、色画用紙
作り方：
①ザルの目に吊るすひもを通しておく。重ねたお花紙の真ん中をモールで束ねて花を作り、ザルにモールを通してねじってとめる。ザルの表面を花で覆ったら2個のザルの口を合わせて、ぐるっとセロハンテープで貼り合わせる。
②色画用紙の短冊をのりでつなぎ合わせ、ひもをつけてザルの底にセロハンテープで貼る。

材料：ケーキ箱（持ち手があるもの）、アルミカップ、折り紙、荷造り用テープ、ひも
作り方：折り紙を丸めてアルミカップに両面テープで貼り、ケーキ箱に両面テープで貼る。箱の底に、荷造り用テープをセロハンテープで貼る。吊るすひもを箱の持ち手にかける。

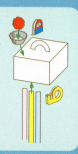

さらにヒント！

一人ひとりの作品を スペシャルに飾ろう！

子どもたちが作った七夕飾りや短冊を、
特別感たっぷりに飾ったり持ち帰りできるアイデアです。

夏 七夕を飾ろう

小さく飾れるミニ笹

材料：色画用紙、麻ひも
作り方：

①色画用紙（八つ切り程度）を丸めて筒状にし、セロハンテープでとめる。

②①に麻ひもを通し、ハンガーの形になるように調整してひもを結ぶ。

③色画用紙を切って作った笹の葉を、セロハンテープなどで貼る。

ひとりひとつずつ、
短冊と飾りをつけて！

子どもが描いた
織姫と彦星を貼って
短冊を持って帰れる
バッグに！

持って帰れる織姫と彦星のバッグ

材料：色画用紙、リボン（持ち手用）、
荷造り用テープ（織姫の羽衣）
作り方：

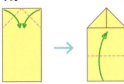

①色画用紙を長方形に切り、上の両角を折る。

②①で折ったところから少しすき間ができるように、下から折る。

③両側をセロハンテープで貼り合わせ、上の三角を折る。

④裏返して持ち手のリボンを貼る。もう一度裏返して、色画用紙で作った織姫と彦星をのりで貼る（織姫は後ろに荷造り用テープをセロハンテープで貼る）。

31

秋 9〜10月 楽しいお月見

満月（十五夜）のうち、最も美しいといわれるのが旧暦の8月15日に見られるお月さま（中秋の名月）。十五夜が近づいたら、子どもたちと一緒にお月見の準備を始めましょう。

十五夜に飾る お月さまへの贈り物

お月見には満月に見立てた丸いおだんごを、お月さまにお供えしましょう。手作りのおだんごに耳をつけたら、かわいいうさぎにもなっちゃいます。

ミニだんごとうさぎ

耳をつけるとうさぎになる、かわいいミニだんごです。

材料：トイレットペーパーの芯、画用紙
作り方：①トイレットペーパーの芯を輪切りにする（8等分くらい）。
②2個の輪を球状になるように十字に組み合わせて貼り、おだんごの出来上がり。
③画用紙の耳を貼り、ペンなどで顔を描いてうさぎの出来上がり。

おだんご台（三方）

ミニだんごをピッタリサイズの台にのせて、お月さまが見える場所にお供えしましょう。

材料：紙パック2個、色画用紙、折り紙
作り方：①紙パックを受け皿、土台それぞれイラストのように切る。受け皿は4辺を折ってセロハンテープで貼り、土台は4辺を外側に折る。

受け皿

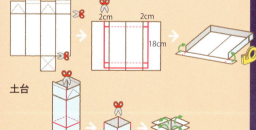

土台

②①の土台に受け皿をのせてセロハンテープで貼り、全体に色画用紙をのりで貼る。赤い折り紙をのせてからミニだんごをのせる。

32

秋

楽しいお月見

キラキラすすき

月明りに輝くキラキラのすすきで、お月見気分をUP！

材料：ストロー、金色のモール、ペットボトル
作り方：ストローに金色のモールを3〜4本差し入れる。形を整えて、ペットボトルに飾る。

＼ もっと ミニだんごアイデア ／

左ページのだんご以外にも、身近な素材を使ってミニだんごを作ってみましょう。
それぞれに色画用紙の耳をつけると、かわいいうさぎになります。
大きく作ったり、小さく作ったり、顔をペンで描いたり、いろいろアレンジを！

プチプチシートで

プチプチシートの凸面を内側にして丸め、形を整えたらセロハンテープで貼る。

レジ袋で

白いレジ袋を丸め、形を整えたらセロハンテープで貼る。

ペットボトルのふたで

ペットボトルのふた2個の口と口を合わせて、セロハンテープをぐるっと巻いて貼る。

うさぎと楽しむ お月見遊び

お月見のおはなしに登場するうさぎ。十五夜が近づいたら、そんなうさぎを想像しながら、うさぎを作って遊びましょう。小さいスペースでも楽しめるアイデア集です。

お月さまへジャンプ！

トイレットペーパーの芯で作るうさぎは、お尻を指の先で押して弾くと、ぴょんと跳ねます。月に着陸できるかな？

材料：トイレットペーパーの芯、折り紙、色画用紙
作り方：①トイレットペーパーの芯を半分に切る。これに折り紙を貼ってもよい。
②色画用紙の耳を貼り、目と鼻をペンなどで描く。
③色画用紙を月の形に丸く切る。さらに、星の形などを切っておくと楽しい。

ぴょん！

遊び方

床や机の上に、色画用紙の月や星を並べます。そこを狙って、うさぎをジャンプさせます。「月の上に着地したら10点！」などと、ルールを決めても◎。くり返し飛ばすうちに、飛ばすコツもわかってくるでしょう。

指先でお尻を押して！

秋 楽しいお月見

台や机にセロハンテープで固定すると◎！

おもちぺったんぺったん！

うさぎが杵を持って、おもちをつきます。ぺったん、ぺったん。お月さまにいるうさぎをイメージして遊びましょう。

遊び方

細く切った色画用紙を引いたり押したりして、杵を動かします。

材料：紙コップ2個、色画用紙、ティッシュペーパー、画用紙
作り方：

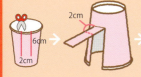

①紙コップに切り込みを2本入れ、イラストのように折る。さらに折り線から2cmのところを上に折る。

②色画用紙を丸めてセロハンテープでとめ、①で最後に折ったところに貼る。

③細く切った色画用紙を②に貼る（杵になる）。

④画用紙にクレヨンで描いて作ったうさぎの顔を③の紙コップに貼り、杵の内側にティッシュペーパーの端を貼る。

⑤もう1個の紙コップを半分くらいに切り（臼）、④のティッシュをふんわりと入れる。

巻き巻きうさぎのドッジボール

トイレットペーパーに毛糸を巻いて作るかんたんうさぎ。おだんごに見立てた白いボールでドッジボール遊びをしてみましょう。

巻き巻きうさぎ
材料：トイレットペーパーの芯、毛糸、色画用紙
作り方：①トイレットペーパーの芯の端から、毛糸を巻きつけていく。最初に毛糸の端を木工用接着剤で貼りつけておくと巻きやすい。巻き終わりも木工用接着剤でとめる。
②色画用紙にうさぎの顔をクレヨンなどで描いて切り取り、①の上部に木工用接着剤や両面テープなどで貼る。

おだんごボール
材料：ティッシュペーパー、ビニールテープ
作り方：丸めたティッシュペーパーに、白いビニールテープを貼って、形を整える。

\ 遊び方 /
並べて置いたうさぎにおだんごボールを投げて当てます。うさぎとうさぎの間隔を広くすると難しさがUP！

パターうさぎでだんごショット

杵風のゴルフパターで、おだんごボール（上参照）を転がしましょう。うさぎの向きや、パターの当たり具合がポイントです。

パターうさぎ
材料：紙コップ、曲がるストロー、色画用紙、ティッシュペーパー、ビニールテープ
作り方：①紙コップの前と後ろの同じ高さに穴をあけてストローを通し、ストローの曲がる部分を、下につかないくらいの長さで切る。
②色画用紙の耳をのりで貼り、ペンなどで目や鼻を描く。

\ おだんごボールの転がし方 /
うさぎの体を手で押さえ、反対の手でストローを回しておだんごボールに当てます。

\ 遊び方 /
床や机の上に色画用紙で作った月を置いて、そこを目指しておだんごボールを転がしましょう。月の上にのったら大成功！

くいしんぼううさぎへシュート！

くいしんぼううさぎの口に、おだんごをプレゼント。
コロコロと転がしてシュートを決めましょう。

秋 楽しいお月見

\遊び方/
くいしんぼううさぎの口に入るように、おだんごを転がします。芝生や池に見立てて、色画用紙でコースを作ると楽しい！

ペットボトルで作るミニだんご（33ページ）を使う。

くいしんぼううさぎ

材料：紙コップ、画用紙
作り方：①紙コップの口から側面を大きく切り取る。
②画用紙でうさぎの耳を作り、①にセロハンテープなどで貼る。
③ペンやクレヨンで目や鼻などを描いて出来上がり。

変身うさぎ

ぶら下げて飾ったり、手に持って一緒にお出かけできる、マスコットうさぎ。
お月さまとのコラボレーションを楽しみましょう。

開くとお月さまに！

材料：紙皿、色画用紙、折り紙、丸シール、ひも（毛糸）
作り方：①紙皿を半分に折って色画用紙で作った耳をのりで貼り、目（丸シール）を貼ったり口を描いたりして、うさぎを作る。
②①の紙皿を開いて、内側に丸く切った黄色い折り紙を貼る（大きさが足りない部分はクレヨンなどで色を塗り足す）。目（丸シール）を貼ったり口を描いたりして、お月さまを作る。
③②の折り目の左右に、ひも（毛糸）をセロハンテープでつける。持ち手にしたり、ぶら下げて飾る。

持って遊べる

秋 10月 ハロウィーン

ファンタジーの世界に大人も子どもも心が躍るハロウィーン。
おばけアイテム、変身グッズ、お菓子バッグなど
お祭りの必須アイテムを、子どもたちと一緒に準備しましょう。

迫力満点！ハロウィーンの主役たち

ハロウィーンの主役といえば、おばけたち。パーティーのシンボル的存在を
子どもと一緒に作って飾ってわくわくした気分を盛り上げていきましょう。

ライトを灯けなくても
雰囲気満点！

紙パックの
ジャック・オー・
ランタン

魔除けとして飾られる
カボチャのおばけ。
漏れる光が雰囲気満点です。

小さなライトでも
きれいに灯るよ！

くるくる丸めた
モールをカボ
チャのつるに。

すき間から小さな
ライトを入れてラン
タンに。ライトは
100円ショップな
どで購入できる。

材料：紙パック（1リットル）2個、折り紙、色画用紙
作り方：

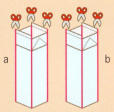  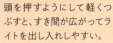

頭を押すようにして軽くつぶすと、すき間が広がってライトを出し入れしやすい。

①1リットルの紙パック2個（a、b）の注ぎ口を開き、角の4辺に切り込みを入れて広げる。

②折り紙をちぎって、aの紙パックの両面にのりで貼る。

③bの紙パックは、イラストの斜線部分を切り取り、折り紙をちぎって両面にのりで貼る。

④②と③の紙パックを、十字をずらして重ね、中心をセロハンテープで動かないようにとめる。最初に向かい合う太い面同士をくるっと曲げて貼ってから、もうひと組の太い面をそれに重ねるように貼る。残った細いほうの面をそれぞれ同じように貼る。

⑤色画用紙を目や口、葉っぱなどの形に切り、輪にしたセロハンテープでつける。ペットボトルのふたを折り紙で包み、丸めたセロハンテープで貼る。

おばけキャンドル

キャンドル型ライトを使って、かわいいおばけキャンドルを作りましょう。手に持って行進するのも楽しい！

材料：トイレットペーパーの芯、折り紙、色画用紙、キャンドル型ライト

作り方：①トイレットペーパーの芯に折り紙を巻きつけるようにして貼る（上下に余った部分は、内側に折り込む）。②折り紙や色画用紙、マーカーなどでおばけに仕上げる。③上にキャンドル型ライトをはめる。

★100円ショップなどで購入できるキャンドル型ライトはトイレットペーパーの芯の内径にほぼジャスト。芯の内側に折り紙を折り込むことで、フィットしやすくなる。ややゆるい場合は、ライトの外周にビニールテープなどを巻いて調整を。

くしゃくしゃにした折り紙を貼ると質感が出ておもしろい！

トイレットペーパーの芯を短く切って、高さを変えても！

秋　ハロウィーン

置いて飾ってもOK！

ぶらぶら、ゆらゆら 紙皿のカボチャ

紙皿でカボチャを作ったら、ひもにかぶせるようにぶら下げて飾りましょう。床や机に置いても遊べます。

材料：紙皿、折り紙
作り方：①折り紙をちぎって、紙皿の底面にのりで貼る。
②半分に山折りし、折り紙を切ったりちぎったりして目や口、ヘタを作ってのりで貼る。

ポリ袋おばけ

ポリ袋に折り紙を詰めるだけのかんたんカボチャは、大皿に盛りつけてパーティー気分に！

ポリ袋の上下をつまんでキャンディー形にアレンジ。

材料：折り紙、ポリ袋、マスキングテープ（飾り）
作り方：
①折り紙を1枚ずつふんわりと丸めて（計10個ぐらい）、小さめのポリ袋に入れ、ポリ袋の口を細く折ってたたみ、両端を合わせて結ぶ。

②結び目にマスキングテープを巻く。下の両角を折ってセロハンテープでとめる。

③折り紙を目や口、葉っぱなどの形に切り、輪にしたセロハンテープでつける。

秋 ハロウィーン

おばけモビール

紙を貼り合わせて丸く作ったおばけたちには、ひもをつけてモビールに。くるくる回るのが楽しい！

> 反対側にも顔をつけると楽しい！

材料：色画用紙、ストロー、ひも
作り方：
①A5程度に切った色画用紙を半分に折り、楕円になるように切る（型紙を用意しておくとよい）。同じ形を8枚作る。

②①の色画用紙の半面同士を、のりで貼り合わせる。

③次々に貼り合わせていって、最後の半面同士を貼り合わせる前に、真ん中にストローをはさんでセロハンテープでとめる。最後の半面同士をのりで貼り合わせ、飛び出したストローを切る。

④ひもを通し、下から少し引っぱって折り曲げ、紙の間にセロハンテープでとめる。

⑤紙を目や口、葉っぱなどの形に切り、セロハンテープで貼る。

セロハンテープをL字に貼る。

台紙に貼るとカードにもなるよ！

作り方③のとき、最後の半面同士を貼り合わさずに折った台紙に貼って、飛び出すカードに。開いたところに顔を描いたり貼ったりして仕上げる。

遊べて飾れる おばけおもちゃ

自分で動かして遊べる、かわいいおばけアイテムをご紹介。
作ってたくさん遊んだあとは、そのまま保育室の飾りに使っても素敵ですね。

パクパクおばけやパタパタおばけ（43ページ）は、洗濯ばさみで吊るしたり、そのまま壁に貼る。

切り紙で、クモの巣やコウモリなどのモチーフを作って貼る。

ハロウィーン飾りを切り紙で作ろう

雰囲気を盛り上げる、コウモリやクモの巣のシルエットを切り紙で作りましょう。折り紙1枚で作ります。

コウモリ

作り方：

①折り紙を半分に折る。

②イラストのように切って広げる。

クモの巣

作り方：

①折り紙を半分に折る。

②半分に折る。

③半分に折る。

④イラストのように切って広げる。

紙パックで作るパペットおもちゃ。口がパクパク動きます。

パクパクおばけ

材料：紙パック、折り紙（パンプキンマン）
作り方：

①紙パックの注ぎ口を開いて、イラストのように切り込みを入れる。注ぎ口をつぶして、前と後ろに2面ずつ斜線部分を持ち上げるように切り込み部分を大きく広げて折る。

②広げた面を好きなおばけの形に切って、ペンなどで絵を描いたり折り紙をのりで貼って仕上げる。

パンプキンマン

コツコツガイコツ

白おばけ

遊び方

紙パックを写真のように両手で持ち、つぶすようにして、口をパクパクさせましょう。

パクパク

秋　ハロウィーン

パタパタおばけ

自分でパタパタ揺らして遊ぶおもちゃ。色画用紙で好きなおばけを作りましょう。

コウモリ

切り方は42ページの切り紙を参考に、画用紙を切って目と口をのりで貼る。

遊び方

ストローを持って、飛んでいるように揺らします。

材料：色画用紙、ストロー
作り方：

①色画用紙を半分に折っておばけの羽の形に切って開く。モンスターマンは体を別に切って、ペンなどで好きな顔を描き、羽をイラストのように貼る。

②ストローをセロハンテープで貼る。

モンスターマン

43

変身グッズでおばけになりきろう!

ほうきを持った魔女に、三角目のジャック・オー・ランタン…。
おばけや魔女になりきる仮装ごっこも、ハロウィーンのお楽しみのひとつ。
身につけるだけで気分が盛り上がる、変身グッズを作りましょう。

なりきり魔女ハット

魔女になりきるときの必須アイテム！
世界にひとつの魔女ハットを作りましょう。

材料：色画用紙（八つ切り）、折り紙、リボン
作り方：

①頭のサイズに合わせて、色画用紙を円すいになるように丸める。

②セロハンテープでとめ、下に7〜8本の切り込みを入れる。

③切り込みから外に折って広げる。

④大きめにちぎった折り紙を、切り込みのすき間を埋めるようにのりで貼る。折り紙で好きな模様を作ってのりで貼り、仕上げる。

リボンやひもをつける場合は、安全のため円すいの内側にセロハンテープで軽めにつけ、抜けやすくする。

コウモリのバッグにもなるよ！

上記の作り方①〜③のあと、逆さまにして、羽と持ち手をつけて仕上げる。A4サイズ程度の色画用紙で作ればかわいいミニバッグに。

魔法のほうき

どこまでも飛んでいけそうな魔法使い必須のアイテム。
またがるだけで、気分がアップ！

材料：クラフト紙（模造紙や包装紙）、リボン
作り方：

①A4サイズ程度の大きさに切ったクラフト紙を半分に折る。

②上の端3cmほどのところをセロハンテープで貼り、その幅を残して、下のほうから切り込みを入れる。

③別のクラフト紙を細く丸めてほうきの柄を作る。

④③を②の紙と紙の間の真ん中に5cmほど入れ、前・後ろ2か所をセロハンテープで貼る。

⑤左右をたぐり寄せて、セロハンテープでとめる。さらにリボンを結ぶと素敵！

ハンディーマスク 基本の作り方

材料：紙皿（直径18センチが基本）、ストロー、飾り用の色画用紙、折り紙など
作り方：
①ハーフマスクは紙皿を半分に折って、目の部分を切り抜く。さらに好きな形に切る。
②色画用紙や折り紙、ペンで好きに飾り、裏にストローをセロハンテープで貼る。

色画用紙で作る場合

材料：色画用紙、厚紙、ストロー、飾り用の折り紙など
作り方：
①色画用紙を好きな形に切る（左右対称のものは、半分に折ってから切るとよい）。
②色画用紙や折り紙、ペンで好きに飾り、裏に厚紙を貼る。その上にストローをセロハンテープで貼る。

秋　ハロウィーン

おばけのハンディーマスク

顔に当てるだけですぐに変身できちゃう、おばけのハンディーマスク。
持ち手をつけずに、そのまま顔に当ててもOK！

顔半分だけ変身！ハーフマスク

トリック・オア・トリート！

黒ネコは魔女の使いなんだって！

カボチャのおばけ
切った紙皿にちぎった折り紙を貼り、色画用紙のヘタ、モールのつるをのりやセロハンテープでつける。

黒ネコちゃん
切った紙皿にちぎった折り紙を貼り、色画用紙の耳、折り紙の鼻・ひげをのりで貼る。持ち手のストローを裏に貼る。

ちょこっと変身！ パーツマスク

顔の一部分だけ変身したり、顔を全部隠したり。
紙皿や色画用紙で作ってみましょう。

吸血鬼の口

頭に当ててね！

フランケンの頭

いないいないばあ！式のマスクだよ！

おばけちゃん

コウモリ

魔女の帽子

素材いろいろ ハロウィーンバッグ

ハロウィーンパーティーに欠かせないのは、もらったお菓子を入れるマイバッグ。
身近な素材で子どもと一緒に手作りしたら、お気に入りのバッグを持って、さっそくお散歩に出かけましょう。

紙パックのバスケット

紙パックを組み立て直して作るミニバスケット。
色をつけたい場合は、折り紙や包装紙を貼ってから組み立てます。

コウモリ、黒ネコのメッセージ入れ（51ページ）。

材料：紙パック（1リットル）1個、色画用紙、折り紙など
作り方：

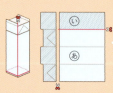
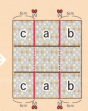
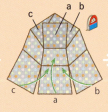

①イラストのように紙パックの底を切り取って開く。口の部分を切り取ってから、さらに1面⃝いを切り取る。

②①の⃝あに、イラストのように切り込みを入れる（ピンクの実線部分）。全体に紙を貼る場合は、切り込みを入れる前に貼っておく。

③aを折り、その上にbとcを斜めに重ねて（イラスト上部分）両面テープでとめる。手前部分も同様に。

④紙の目をのりで貼り、口をペンで描く。①の⃝いを細く切り、両面テープで内側に貼って持ち手にする。

③のとき、bとcの角を合わせて貼る。

③のとき、bとcの角をずらして貼る。

折り紙を貼る。

カボチャバッグ

深めの紙皿を貼り合わせて作る簡単バッグ。耳をつけたり、平皿と組み合わせたりしてアレンジも楽しめます。

アレンジ　おばけのポシェット

切らない平皿にひも、帽子、手や足を両面テープでつけてから、上部を切った深めの紙皿を貼り合わせよう。

材料：深めの紙皿2枚（直径が同じサイズのもの）、ひもやリボン、折り紙

紙皿の準備：あらかじめ、紙皿に切り取り線をつけておく。まず紙皿1枚を切り、切り取った部分をもう1枚に当ててしるしをつけるとかんたん。

作り方：
① 紙皿2枚をイラストのように切る。
② 折り紙をちぎって全体にのりで貼り、折り紙を切って作った目や口を貼る。
③ 1枚の紙皿の内側にひもを両面テープでつけてから、両面テープで2枚を貼り合わせる。

ポイント：両面テープの代わりに、数か所をホチキスでとめてもよい。その場合は、とめた針の部分をセロハンテープなどでしっかりと覆う。

アレンジ　黒ネコのバッグ

紙皿の切り取った部分を三角に切って、耳にする。両面テープで紙皿の内側につける。

秋　ハロウィーン

カボチャバッグ

ちぎった折り紙を
半分ほど重ねて貼っていくと
毛並みのよう！

ハートちゃんバッグ

紙皿2枚で作るハート形バッグ。
折り紙の貼り方で雰囲気が変わります。

材料：紙皿2枚、折り紙、色画用紙、モール
作り方：

①紙皿2枚を、それぞれ半分に折ってハート形になるように組み合わせ、セロハンテープでしっかりと貼り合わせる。

②ちぎった折り紙を全体にのりで貼る。色画用紙などで顔、手足を作ってのりで貼り、好きなおばけに仕上げる。持ち手のモールを紙皿の内側にセロハンテープでしっかりと貼る。

パックンバッグ

紙コップ2個で作ります。
絵を描いたり折り紙を貼って、好きなおばけにアレンジを！

材料：紙コップ、ストロー、モール、折り紙
作り方：
紙コップ2個の口を合わせて、イラストのように、内側→外側の順で1か所をセロハンテープでとめる。折り紙を貼るなどして飾り、つなげて長くしたモールを短く切ったストローに通してから、下の紙コップにつける。

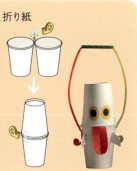

ストローがあると
持ちやすい！

モールの端はくるくる巻く。
その上をセロハンテープで貼る。

後ろを持って振ると、パクパクするよ！

下のコップを持ち、上のコップを上下に振る。後ろに倒れないように、指を軽く立てるとよい。

パクパク

おばけハウスバッグ

紙袋に窓をつけて、おうち風のバッグに。
ライトを入れて飾っても素敵。

材料：紙袋、透明袋（PP袋）、画用紙や折り紙など、マスキングテープ、ひも、モールなど

作り方：

①透明袋に油性ペンで窓を描き、切り取る。裏からカラーの油性ペンで色を塗る。

②紙袋の真ん中を作った窓よりひとまわり小さく切り取り、①の窓をマスキングテープで貼る。のりで飾りをつけて仕上げ、持ち手のひもやモールをセロハンテープなどで紙袋につける。

先を折って貼ったマスキングテープで開けたり閉めたりがかんたん

秋　ハロウィーン

飾っても素敵！

中にライトを入れると、窓から光がもれてきれい。ひもに吊るしたり、そのまま置いて飾る。

フランケンのバッグ

箱の四角い形でフランケンの顔を表現！
ダブルポケットでいっぱい入ります。

材料：ティッシュペーパーの箱、色画用紙、ペットボトルのふた、リボン

作り方：

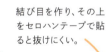

①ティッシュペーパーの箱にイラストのように切り込みを入れる（底面は切らない）。半分に折り、色画用紙をのりで貼る。
②色画用紙で作った髪や目などをのりで貼り、ペットボトルのふたを耳にしてセロハンテープで貼る。リボンの持ち手をセロハンテープで貼る。

長いリボンをつければポシェットにも！

結び目を作り、その上をセロハンテープで貼ると抜けにくい。

飾って楽しい ハロウィーンカード

ハロウィーンパーティーの招待状やメッセージカードにはもちろん、立てて飾っておくこともできる、おばけの仕掛けカードをご紹介します。少し大きめの紙で作れば、シアター遊びにも！

おばけアパート

カードを開けたら、かわいいおばけたちがお出迎えしてくれます。

材料：色画用紙、マスキングテープなど（飾り）
作り方：
①半分に折った色画用紙をイラストのように切る（アパート）。
②ひとまわり小さい別の色画用紙をじゃばらに折って、イラストのように切る（おばけ）。
③①を開き、②のおばけの両端を台紙にのりで貼る（★）。ペンなどで顔を描き、マスキングテープなどで飾りをつける。
★アパートを開いたときに、おばけがきれいに広がる位置を見つけて貼る。

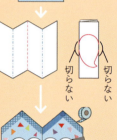

おばけがゾロゾロ…

カボチャハウス

暗闇から現れたのは…。
カボチャを引き立たせる
黒い台紙がポイント！

材料：色画用紙、折り紙など
作り方：
①半分に折った色画用紙をイラストのように上部を斜めに切る。次にカボチャの形に切り込みを入れる。これを開き、カボチャを手前に引き出すようにして折る。
②台紙となるもう1枚の色画用紙を半分に折って開き、折り目と①の折り目を合わせてのりで貼り合わせる。飾りをつけて仕上げる。

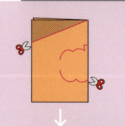

カードを開くとカボチャが飛び出す！！

さらにヒント！
もらってうれしい ミニパッケージ

小さなパッケージは、子どもたちへのプレゼントや、ハロウィーンでかかわる地域の人たちへの贈り物にもピッタリ！

秋 ハロウィーン

黒ネコにもなるよ！

小物入れにもなる ミニミニボックス

材料：紙パック、カラー粘着テープ、丸シール、色画用紙、モールやリボン

作り方：①紙パックをイラストのように切る。表面全体にカラー粘着テープを貼ってふたの部分をイラストのように折る。
②小さくちぎったカラー粘着テープをふたにつけて、つまみやすいよう先を折って、貼ったりはがしたりできるようにする。
③丸シールや色画用紙で飾り、持ち手のリボンやモールをセロハンテープで貼る。

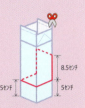

開けたり閉めたりできるよ！

封筒をとめる 黒ネコクリップ

作り方：色画用紙を写真のようにねこの形に切り、目玉シールを貼ったりして、顔を描く。両手と胴で封筒をはさむ。

ここではさむ。

封筒が素敵なパッケージに！

トイレットペーパーの芯で作る メッセージ入れ

作り方：①トイレットペーパーの芯に折り紙を巻いてのりで貼る。下の口を折り紙で覆うように貼ってふさぐ。
②上の口を写真のように内側に折ってふたにする。

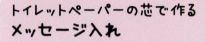

色画用紙で羽やしっぽを作ろう

破いて開ける お楽しみジャック

作り方：①紙皿の大きさに合わせて折り紙を丸く切る。
②折り紙にジャック・オー・ランタンの顔を描き、真ん中に少しだけ切り込みを入れておく。
③紙皿にプレゼントをのせ、②をかぶせてセロハンテープでフチの数か所をとめる。

開け方
切り込みから破いていく。

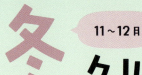

冬 11〜12月 クリスマス

冬がやってくると、気分はもうクリスマス。
サンタクロースやトナカイ、雪だるま…。
作って遊んで準備して、楽しいその日を迎えましょう。

身近な素材でかんたん オーナメント大図鑑

身近にある素材をひと工夫して作る、
かんたんオーナメントを集めました。
色・模様・形など自由にアレンジして
クリスマスをにぎやかに飾りましょう。

プチプチシートで
（57ページ）

厚紙と毛糸で
（56ページ）

まるごと毛糸玉で
（54ページ）

紙パックで
（55ページ）

52

飾り方のヒント

壁を使ってダイナミックに！

ダンボール板を三角と横長の台形に切り、これを組み合わせてツリーにしました。壁にしっかりと貼って、モールに見立てた太めの毛糸やリボンを張り巡らせます。オーナメントは壁やダンボールツリーに直接、養生テープやセロハンテープで貼りましょう。みんなのオーナメントをたくさん飾れます。

冬・クリスマス

トイレットペーパーの芯で（56ページ）

そのほか

長封筒で（57ページ）

ペットボトルで（54ページ）

コーヒーフィルターで（58ページ）

まるごと毛糸玉で

毛糸玉をそのまま使って、ふわふわの人形に。
耳や目をセロハンテープで貼ったり、
シールを貼るだけなので、
毛糸はリサイクルもできます。

毛糸玉ドール

材料：毛糸玉、色画用紙、リボン・丸シールなど（飾り）、モール

作り方：毛糸玉に色画用紙を巻く。色画用紙を切って手や耳を作り、セロハンテープで貼る。リボンなどを貼って飾る。先を丸めたモールを毛糸玉に巻いた色画用紙にセロハンテープで貼って完成。

動物の耳や、つのは毛糸のすき間に差し込むようにして、セロハンテープで貼る。手を胴体に貼る。結んだリボンなどを飾る。

サンタは、白い色画用紙を巻いて顔にし、ペンなどでひげや目を描いたり、丸シールを貼る。色画用紙で作った帽子をかぶせて完成。

ペットボトルで

ビニールテープで貼り絵風に仕上げたり、
透明感を生かしてランプ風に仕上げたり。
大きさや形からもイメージを広げてみましょう。

テープアートボトル

材料：ペットボトル、ビニールテープ、丸シールやリボン（飾り）、モール

作り方：ペットボトルに、貼り絵の要領で短く切ったビニールテープを貼っていく。リボンや丸シールなどで飾り、先を丸めたモールをセロハンテープで貼る。

くびれのあるペットボトルは白いビニールテープを貼ると雪だるまにそっくり！

なだらかな三角フォルムを生かしてツリーに。

キャップをサンタの帽子のポンポンに見立てた。

切ったセロハンをペットボトルの中に入れる。おかず用カップをキャップに両面テープで貼ってランタン風に。

透明ボトルランプ

材料：ペットボトル（乳酸菌飲料などのミニサイズ）、色画用紙、セロハン、紙皿、折り紙、モール

作り方：①色画用紙を丸めて筒を作り、セロハンの炎をセロハンテープで貼る。
②ペットボトルに①を入れてふたをし、ビニールテープを巻いてとめる。
③持ち手とフレームに見立てたモールを②にセロハンテープでとめる。さらにフレームの下部分を覆うようにビニールテープを貼って飾る。
④紙皿の裏面に折り紙をのりで貼り、真ん中に②をセロハンテープでつける。

丸く切った紙パック雪だるま！

丸シールでカラフルに！

プレート飾り

材料：紙パック、丸シール・毛糸・リボンなど（飾り）、モール

作り方：切り開いた紙パックを好きな形に切り、クレヨンなどで色を塗ったり、リボンやマスキングテープなどを貼って飾る。輪にしたモールをセロハンテープで貼る。

冬　クリスマス

紙パックで

紙パックの厚くて丈夫な紙質を生かしてプレート型の飾りにしたり、箱の形を生かしてボックス型の飾りや、人形型にしたり。いろいろなクリスマスモチーフを作ってみましょう。

おうちは、三角屋根を残して紙パックを切る。色画用紙で作った窓や花などを飾る。

ボックス飾り

材料：紙パック、色画用紙、毛糸・リボン・マスキングテープなど（飾り）、モール

作り方：注ぎ口を切り取った紙パックを好きな長さ（形）に切って色画用紙を貼り、色画用紙やマスキングテープで飾りをつける。モールを内側にセロハンテープで貼る。

ブーツは、細長く切った色画用紙をイラストのようにのりで貼って、つま先部分にする。はき口に毛糸などを接着剤で貼って飾る。

紙パック人形

材料：紙パック、色画用紙、折り紙など、モール

作り方：①注ぎ口を切り取った紙パックの底を切り落とし、10cmほどの長さに切る。さらに4つの角に5cm程度の切り込みを入れて、外側に折る。
②折った4枚のうちの1枚に色画用紙で作ってペンなどで描いた顔をのりで貼る。
③残った3枚に色画用紙をのりで貼り、手と足の形に切る。足にはブーツ（色画用紙）をのりで貼る。
④背中側をふさぐように折り紙などをセロハンテープで貼る。顔の裏面に輪にしたモールをセロハンテープで貼る。

角を丸く切ろう！

背中側に折り紙や包装紙を貼る。前から模様が見えると楽しい。

トイレットペーパーの芯で

そのまま毛糸を巻いてもいいし、
輪切りにしてつなげても楽しいオーナメントができます。

ぬくぬく筒人形

材料：トイレットペーパーの芯、毛糸、
色画用紙・丸シール・毛糸など（飾り）、モール

作り方：トイレットペーパーの芯のフチ
1か所に切り込みを入れ、毛糸の先を
ひっかけてからぐるぐると全体に巻き
つける。巻き終わりは接着剤でとめる。
色画用紙を切って作ったつのや帽子を
貼ったり、丸シールで顔をつけたりして完成。内側に先を
丸めたモールをセロハンテープでつけて仕上げる。

← 白いペーパー芯は、雪だるま作りにピッタリ。

モールがなくてもロープなどを張って、顔の輪っかに通して並べて飾っても楽しい。

輪つなぎ人形

材料：トイレットペーパーの芯、折り紙や色画用紙、
丸シールなど、モール

作り方：①トイレットペーパーの芯を幅3cmほどに切る。
②色をつける場合は、ここで折り紙をのりで貼っておく。
1個の輪に切り込みを入れて、もう1個の輪につなぎ、切れ目をセロハンテープで貼る。
③色画用紙や丸シールを貼って顔にし、先を丸めたモールを通して先をひねって閉じる。

厚紙と毛糸で

厚紙に毛糸をぐるぐる巻くだけの簡単オーナメント。
巻きやすいように切り込みを入れておくのがポイントです。

巻き巻きプレート

材料：毛糸、厚紙（菓子箱などでもよい）、
フェルト、モール

作り方：厚紙を好きな形に切ってフェルトを両面テープなどで貼り、まわりに切り込みを入れる。この切り込みにひっかけるように毛糸をぐるぐると巻く。好きな形に切ったフェルトや結んだ毛糸などを飾って完成。裏面に輪にしたモールをセロハンテープで貼る。

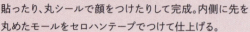

← 4辺のそれぞれ真ん中に切り込みを入れて毛糸を巻けば、プレゼントボックスに。

← 自由に巻いていくだけでおもしろい柄になる。

プチプチシートで

プチプチシート（気泡入り梱包用シート）を好きな形に切ったり丸めたりして作ります。

冬 クリスマス

スケルトン飾り

材料：プチプチシート、ひも
作り方：①プチプチシートを好きな形に切り、耐水性のペンで色や模様をつける。②ひもをセロハンテープで貼る。

↑
色をつけてから三角に切ったプチプチシートをセロハンテープでつなげて、大きなツリーに。

立体リースは両面に模様を描いたプチプチシートを細く棒状に丸めてセロハンテープでとめてから輪っかにし、セロハンテープで貼り合わせる。

くるくる模様はツルツルした面に、丸い模様はプチプチ面に描いた。表と裏の色が重なっておもしろい！

長封筒で

封筒に少量のティッシュペーパーや綿を入れると、ぷくぷくした感触が楽しいオーナメントが作れます。半分に切っていますが、そのまま使ってもいいでしょう。

ぷくぷくドール

材料：封筒（長形）、ティッシュペーパー、ひも、色画用紙、折り紙、丸シール
作り方：半分に切った封筒にティッシュペーパーを入れ、切り口を後ろに折ってひもをはさんでからセロハンテープでとめる。切った色画用紙やちぎったり丸めた折り紙、丸シール、ペンなどで帽子や顔を作って貼る。

コーヒーフィルターで

中にメッセージなども入れられるクリスマス飾り。上下の向きによって、いろいろ見立ててみましょう。たくさん用意できるので、クリスマスまでの日めくりカレンダー風に飾っても楽しい！

わくわくパッケージ

材料：コーヒーフィルター、折り紙や色画用紙、丸シールなど、マスキングテープ、ひも

作り方：①コーヒーフィルターにペンで絵を描いたり、折り紙や丸シールなどで飾り、中にお楽しみアイテムを入れてマスキングテープで閉じる。
②吊り下げ用のひもをセロハンテープで貼る。

飾り方のヒント

リボンをツリーの形に壁にマスキングテープで貼り、一番上に色画用紙で作った星を貼ります。わくわくパッケージはリボンにぶら下がって見えるように、マスキングテープで壁に貼りましょう。

トナカイ / サンタ / 雪だるま

プレゼントを入れよう！

ミニカードや折り紙作品にもちょうどいいサイズ。中に入れて、マスキングテープでふたをする。

もっとたくさん飾る！

たくさんのアイテムを吊るしたい場合は、リボンの貼り方を工夫してみよう。下のイラストのように、リボンを切り分けて大きなツリーにしても楽しい。

カウントダウンカレンダーにも！

クリスマスまでの日数をふせんで表示。1日1個取ってopen！

数字（日にち）を書いたふせんはランダムに貼っても楽しい。

58

仕掛けが楽しい クリスマスカード

クリスマス気分を盛り上げる楽しい仕掛けカードです。
まわりを飾るモチーフやシールを工夫すれば、個性いっぱい！
プレゼントにはもちろん、そのまま飾りにも使えます。

こんもりツリーのカード

開いたときの立体感が楽しい
ツリーのカードです。

立体に広がる！

open!

折り紙は無地や模様のものを混ぜて使うと、開いたときに楽しい！

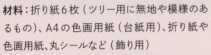

材料：折り紙6枚（ツリー用に無地や模様のあるもの）、A4の色画用紙（台紙用）、折り紙や色画用紙、丸シールなど（飾り用）
作り方：①折り紙6枚を中表にそれぞれ半分に折り、イラストのように貼り合わせる。
②乾いたら、イラストのように切る。
③台紙用の色画用紙を半分に折って開く。台紙の折り目と②の折り目を合わせ、イラストのように一番外側の2面をのりで貼る。色画用紙や折り紙、丸シールなどでまわりを飾って仕上げる。

台紙に貼らずにオーナメントに

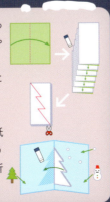

作り方②のとき、台紙に貼る面同士をのりで貼り合わせると、360度どこから見ても立体のツリーに。モールをセロハンテープで貼ってオーナメントに！

冬　クリスマス

飛び出すツリー＆サンタのカード

三角に飛び出す仕掛けを、ツリーやサンタに見立てました。

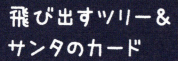

ツリーが飛び出す！

サンタが飛び出す！

open！

小さく作ってオーナメントに

小さめの色画用紙で作れば、ツリーを飾るオーナメントに。モールをセロハンテープで貼って、ツリーにぶら下げよう。

材料：A4の色画用紙（仕掛け用と台紙用。仕掛け用は台紙用より縦横1cmずつ小さく切っておくとよい）、折り紙や色画用紙（飾り用）、シールなど

作り方：

①仕掛け用の色画用紙を半分に折る。

②イラストのように切り込みを入れて斜めに折って戻す。

③開いて、②でできた三角部分を手前に押し出し、飛び出させる。

④台紙用の色画用紙を半分に折って開く。③の仕掛けをのりで貼る。

⑤それぞれシールを貼ったり、折り紙や色画用紙でパーツを作ってのりで貼りツリーやサンタにする。

雪だるまのカード

地面に貼ったフェルトの雪が、素敵なアクセントに。

材料：A4の色画用紙（仕掛け用と台紙用。仕掛け用は台紙用より縦横1cmずつ小さく切っておくとよい）、色画用紙やフェルト（装飾用）、シールなど

作り方：①仕掛け用の色画用紙を半分に折る。イラストのように切り込みを入れて、切り込みのところで折って戻す。

②開いて、切り込みの部分を手前に押し出し、飛び出させる。台紙用の色画用紙を半分に折って開き、仕掛けの色画用紙をのりで貼る。
③色画用紙で雪だるまを作り、②の前面にのりで貼る。フェルトやシールなどを貼って仕上げる。

冬 クリスマス

雪だるまが立つ！

雪だるま以外にも、自分の好きなモチーフを貼ってみよう。

open!

さらにヒント！ ポストを用意してサンタへ手紙を送ろう

サンタさんへ手紙を送ることができるポストを用意して、ワクワクした気持ちを子どもたちに投函してもらいましょう。

お手紙掲示ツリー

手紙を貼るツリーを用意しておき、メッセージを貼りましょう。

サンタさんポスト

材料：小さめのダンボール箱、色画用紙・金色の紙など（飾り用）

作り方：ダンボール箱に色画用紙や金色の紙をのりで貼る。色画用紙でサンタの顔や体を作ってのりで貼る。サンタの口部分を細長く切り取る（投函口）。

★サンタの口が投函口になるので、顔は上めに作るのがコツ。

裏側

open!

61

冬 12～1月 年賀状を作ろう

年賀状作りは、新しい年を迎える準備のひとつ。
ポンポンと紙に模様を移すスタンプ遊びを楽しんだら、
オンリーワンの年賀状に仕上げてみましょう。

身近な素材でポンポンスタンプ遊び

野菜やスポンジなど、身近にある素材を使ってスタンプ遊び。
絵の具の色を変えてみたり、力加減を変えてみたり、いろいろ試してみましょう。

花や葉っぱに見立てるスタンプ

野菜の切り口や切ったスポンジで
見立ててみましょう。

オクラ
切り口を使うと、小さな花の
ような形にスタンプできる。
星に見立てても楽しい！

ピーマン
切り口を使うと、花のような形にスタンプできる。太いところを切ると大きな花、細いところを切ると小さな花に。

スポンジ①
薄くてザラザラの面がついてないスポンジは、いろいろな形に切りやすい。ペットボトルのふた2個の口と口を合わせてビニールテープを巻いたもので持ち手を作り、切ったスポンジに、両面テープなどで接着しておくと押しやすくなる。

スタンプのしかた

水性絵の具をかために溶いてスタンプインクに使う。
スチレン皿にたたんだキッチンペーパーを敷き、水を入れて十分に湿らせてから、絵の具を加えて筆でまんべんなくのばすように溶く。水分量が多すぎるとスタンプした絵がぼやけるので注意。

雪や水玉模様に見立てるスタンプ

先を丸めたスポンジや綿棒、
タンポは、丸や線の表現にピッタリ！

綿棒
小さな丸がスタンプできる。

スポンジ②
短くした割り箸などの先にスポンジをつけると、いろいろな押し方ができ、筆のようにも使える。細長く切ったスポンジで割り箸の先を覆い、輪ゴムでとめて出来上がり。

不織布のタンポ
丸めたティッシュを不織布（またはティッシュ）でくるんで、輪ゴムでとめる。丸い形にスタンプできる。

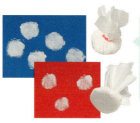

スタンプを楽しむ年賀状アイデア集

スタンプした形にクレヨンやマーカーで絵や線を加えたり、スタンプした紙に折り紙を貼って飾ったり。
かんたん、素敵なアイデアは先生たちの年賀状にもおすすめです！

冬　年賀状を作ろう

ピーマンとスポンジ①のスタンプで花の年賀状。
花の真ん中に綿棒でめしべとおしべをつけて！

不織布のタンポで、雪だるまに。
綿棒で雪を降らせた。

先生もどうぞ！

スポンジ②を筆のように使って。

折り紙で折った富士山に、スポンジのタンポをくるくるさせて丸い模様に。

富士山を小さな折り紙で折っても素敵！

先生もどうぞ！

富士山の折り方

①折り紙の端を細くちぎり取る。

②ちぎったほうを、2cmぐらい折る。

③上下の向きを変えて裏返し、3分の1ぐらいを折る。

④下を1cmぐらい残して上の角を折る。

⑤反対の角も同様に。裏返して完成！

冬 1～2月 節分を楽しむ

節分は、冬から春へと変わる一年の節目の日。
新しい年の厄払い行事「豆まき」はもちろん、
オニとの出会いも、ドキドキワクワクする時間です。

手作りオニで豆まきごっこ

節分のお楽しみは、やっぱり「豆まき」。かわいらしいオニを子どもと一緒に手作りして、
1年の健康と幸せを願いながら、豆まきごっこで盛り上がりましょう。

ゆらゆら吊るしオニ

紙皿やスチレントレーなど身近な素材で作る、吊るしオニ。
缶のふたやタンバリンを使うと、豆が当たったときの音も楽しめます。

当たるといい音がするかも！？

オニの高さや距離は、子どもに合わせて調整する。

折り紙をくしゃくしゃにして、もじゃもじゃヘアに。

既製の楽器につけるときは、はがせるタイプの両面テープを使うとよい。

缶ぶたオニ / 紙皿オニ / スチレントレーオニ / タンバリンオニ

缶のふたは、先に色画用紙で作った顔を両面テープなどで貼ってから、髪の毛やつのを貼るとよい。

豆の作り方は69ページ。

材料：顔になる素材（紙皿、スチレントレー、缶のふた、タンバリンなど）、色画用紙、折り紙、荷造り用テープ

作り方：①顔になる素材に、色画用紙や折り紙などをセロハンテープやのりで貼ったり、ペンで描いてオニの顔にする。②荷造り用テープを①の裏にセロハンテープなどでしっかり貼って、保育室に張ったロープに吊るす。

64

\ 吊るしオニの /
アレンジ

狭いスペースでも遊びやすい箱入りオニです。
吊るしオニに体をつけて、箱に吊るします。

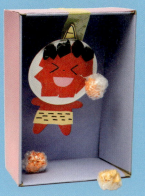

箱入りオニ

材料：ダンボール箱、吊るしオニ、色画用紙
作り方：①ダンボール箱のふた（4面）を内側に折り込んで粘着テープなどでとめる。内側と側面に色画用紙をのりなどで貼る。
②吊るしオニに、色画用紙で作った体をセロハンテープで貼る。
③吊るしオニにつけた荷造り用テープを、①のダンボール箱の上面にかけるようにして、セロハンテープで固定する。

冬　節分を楽しむ

豆ちょうだいオニ

大きな口を開けた腹ペコのオニに、豆を投げ入れます。
新聞紙で作った豆（69ページ）のほか、ビニールボールを使ってもOK！

口の穴を大きくあけると、豆が入りやすい。

豆の作り方は69ページ。

ダンボール箱で高さを調節。下の箱には水を入れたペットボトルを入れて重しにすると安定する。

材料：ダンボール箱、ダンボール板、色画用紙、折り紙、新聞紙
作り方：
①ダンボール箱のふたを立てて2辺を粘着テープでとめ、イラストの斜線部を切り取る。これに色画用紙をのりで貼る。

②ダンボール板でオニの顔を作り、イラストのように①のダンボール箱に粘着テープで貼る。

内側も貼る。

紙コップのミニオニ

紙コップで作るミニオニです。積み上げて、豆ボールを転がすようにぶつけて遊びましょう。

材料：紙コップ、折り紙、色画用紙
作り方：

① 折り紙を切ったり、ちぎったりして紙コップにのりで貼る。
② 色画用紙で作ったつのや目、口などをのりで貼る。ペンで表情や模様を描く。

豆ボール

かたく丸めた新聞紙にビニールテープを巻く。

ボトルオニ

ペットボトルでオニをたくさん作って遊びましょう。
豆ボール（右上）は投げてもボウリングのように転がしてもOK。

材料：ペットボトル、カラーセロハン、色画用紙など
作り方：くしゃくしゃにしたカラーセロハンをペットボトルに入れてふたをし、上からセロハンテープを巻く。色画用紙などで作った目やつの、パンツをセロハンテープで貼る。

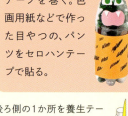

後ろ側の1か所を養生テープなどでL字型に床に貼っておくと、同じ位置ですぐに立て直すことができる。

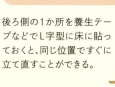

紙パックオニ

紙パックのかわいいオニは、
ひっくり返るともうひとつの顔が見える仕掛け。
大きめの豆ボール（66ページ）をぶつけて遊びます。

材料：紙パック（1リットル）、色画用紙
作り方：
① 紙パックの口を閉じて貼り合わせ、色画用紙をのりで貼る。折り紙をちぎって貼ってもよい。
② 色画用紙を巻くように貼って毛皮にする。つのや目、手なども自由に切って貼ったり、ペンで描く。
③ ②をあおむけに倒し、イラストのように切った色画用紙をのりで貼る。ペンなどで顔を描く。後ろに倒れると顔が見える。

冬　節分を楽しむ

遊ぶときは養生テープなどで床に貼る。写真のようにL字形に貼るのがコツ。

倒れたとき「やられた〜」の顔にしておくと楽しい。

トントンオニずもう

小さなオニを土俵にのせて、
土俵をトントンと指でたたきます。
土俵から落ちたり、
倒れたオニが負け。

ペーパー芯のオニ

トイレットペーパーの芯に色画用紙を巻いてのりで貼る。1cmほど切り取り、腕にして貼る。下半分に折り紙を巻いてのりで貼り、下から切り込みを入れて少し広げる。

アレンジ ミニボトルオニ

乳酸菌飲料などの小さいボトル容器にビニールテープを巻いたもの。色画用紙のつのをセロハンテープでつけて、ペンで顔を描く。

67

ひとり1個の豆入れセレクション！

豆まきごっこに欠かせないのが、ひとりひとつずつ持つ「豆入れ」。お気に入りを手にすれば、オニ退治にも気合が入ります。ティッシュペーパーの箱や大きめ封筒で作る手作りバッグをご紹介。

ポシェット型の豆入れ

ティッシュペーパーの取り出し口をつのに見立てたバッグ。取り出しもラクラク！

材料：ティッシュペーパーの箱、色画用紙や包装紙など、リボン
作り方：

①ティッシュペーパーの箱に、イラストのように切り込みを入れる（底面は切らない）。

②①を半分に折り、側面全体と前面の半分ぐらいに色画用紙や包装紙をのりで貼る。

③色画用紙で作ったつのや目、口をのりでつけたり、ペンで描く。側面に両面テープとセロハンテープでリボンをしっかりとつける。

ふうとうオニポシェット

薄型なのにたっぷり入って斜め掛けしやすい！

材料：B5判、A4判ぐらいの封筒、色画用紙、折り紙、太めの毛糸
作り方：
①封筒の両端にイラストのように切り込みを入れて、前後をそれぞれ2～3cmの幅で折りたたむ。

②色画用紙や折り紙を貼り、ペンなどでオニの顔を描く。
③毛糸の両端に結び目を作り、結び目の上をセロハンテープで②に貼る。

折り紙1枚をふっくら丸めた豆。→

68

ふうとうオニバッグ

大きめの封筒を使ったマチつきバッグ。毛糸や色画用紙で飾りましょう。

リボンや毛糸などは、端に結び目を作り、その上を貼ると抜けにくくなる。

冬 節分を楽しむ

材料：B5判、A4判ぐらいの封筒、色画用紙、折り紙、毛糸、リボン
作り方：

①ふうとうオニポシェットの要領（68ページ下）で前後を折りたたみ、上下の向きを変えて左右の角をイラストのように折ってセロハンテープで貼る。
②上下の向きを戻して色画用紙や折り紙、毛糸をのりや両面テープなどで貼り、オニの顔にする。
③リボンをセロハンテープで②に貼る。

材料：ティッシュペーパーの箱、色画用紙、カラー粘着テープ（飾り用）、厚紙
作り方：①ティッシュペーパーの箱にイラストのような切り込みを入れ、中に折り込んでセロハンテープなどでとめる。
②外側に色画用紙をのりで貼り、内側にはカラー粘着テープを貼る（色画用紙でもOK）。
③3cm幅に切った厚紙を②に両面テープなどで貼って持ち手にする。

舟形バスケット

浅くて広いから豆の取り出しもラクラク！

投げごたえある、大きめの豆で豆まきごっこを楽しみましょう。

さらにヒント！ 豆まきが盛り上がる手作り豆のアイデア

芯豆

3等分に切ったトイレットペーパーの芯を2個組み合わせて、はずれないようにマスキングテープなどをぐるりと巻く。

プチプチ豆

折り紙を軽く丸めて、さらにプチプチシートで包んでセロハンテープでとめる。

紙豆

新聞紙や折り紙を軽く丸めて、ビニールテープやマスキングテープを縦横にぐるりと巻く。

折り紙　　新聞紙

69

あったら楽しい 節分アイテム

オニがこわい子どもには、親しみのあるオニ人形を、オニになりきりたい子どもには、作ってすぐに遊べるなりきりグッズを。あるともっと楽しい節分アイテムを、子どもと一緒に作りましょう。

でんでんオニ

くるくる回すと手の先の豆がぶつかって、オニが自分でオニ退治！？
オニがこわい子もこれなら楽しい！

材料：紙皿2枚、折り紙、色画用紙、太いストロー、毛糸、アルミホイル

作り方〈基本〉：①同じ大きさの紙皿2枚に、それぞれ折り紙や色画用紙をのりで貼ったり、目などを描いたりしてオニの顔を作る。
②①の1枚の紙皿の内側にストローをセロハンテープで貼る。
③毛糸をイラストのように紙皿にセロハンテープで貼る。毛糸の両端にアルミホイルをセロハンテープで貼って丸め、さらに折り紙をかぶせて、セロハンテープでとめる。
④①のもう1枚の紙皿を上からかぶせて、セロハンテープで貼り合わせる。

★2枚のオニの顔は、色を変えるのがポイント！

深めの紙皿で作る場合

基本の作り方①を同じ大きさの深めの紙皿2枚で作る。普通の紙皿1枚に、基本の作り方②③の要領でストロー、玉（豆）のついた毛糸をつける。これを深めの紙皿で作ったオニの顔2枚ではさんでセロハンテープで貼り合わせる。

つのつき帽子

紙袋で作るつのつき帽子。袋の角でつのを作ります。

材料：紙袋、毛糸、マスキングテープ

作り方：①紙袋を逆さまにして、イラストの矢印部分2か所を手で握ってつののように細くする。
②①で握ったつのの部分にマスキングテープを巻く。顔が出る部分をはさみで切り取り、頭の部分に両面テープを貼って、くしゃくしゃにした毛糸をつける。

冬 節分を楽しむ

アフロ帽子

もじゃもじゃのオニのヘアはインパクト大！
大人のオニ変身グッズにも使えます。

材料：紙袋、折り紙、色画用紙、平ゴム

作り方：①紙袋を12cmぐらいの長さに切る。
②丸めた折り紙（たくさん）と、色画用紙のつのを①に両面テープで貼る。
③平ゴムをセロハンテープで貼る。

さらにヒント！ 保育室に吊るしてこわいオニを撃退！

ひいらぎの枝にあぶったイワシの頭を刺して作る「ひいらぎいわし」。
オニはイワシとひいらぎが苦手で、
節分にはこの「ひいらぎいわし」を家の入り口に飾る習慣があります。
これを入り口に貼っておけば、こわいオニが逃げていくかも！？

かんたんひいらぎいわし

材料：ダンボール板、色画用紙、割り箸、アルミホイル

作り方：
①ダンボール板をイワシの頭の形に切り、割り箸（1本）をセロハンテープでつける。ペンなどで割り箸に色を塗る。

②イワシの頭にアルミホイルを巻く。

③色画用紙をひいらぎの葉っぱの形に切り、割り箸に木工用接着剤でつける。

④イワシの頭に画用紙の目を両面テープなどでつけ、油性ペンで塗って仕上げる。

＊割り箸を扱うときは、顔や体に当たらないように注意しましょう。

早春 2〜3月 ひなまつり

桃が咲く季節の行事、ひなまつり。
その「桃の節句」の主役は何といってもひな人形。
かわいらしいおひなさまを子どもと一緒に作りましょう。

飾りつけが楽しい 小さなひな壇

婚礼の儀式の様子を模したひな飾りは、階段状のひな壇や小さな飾り小物も魅力のひとつ。
ひな飾りを象徴する赤いひな壇を作って、おひなさまや小物を飾って遊びましょう。
紙コップのひな人形は、紙パックで作るミニひな壇にぴったり！

紙コップびな
ぼんぼり
花飾り

ミニひな壇

お茶セット

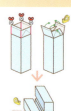

材料：紙パック（1リットル）6本、色画用紙、赤いフェルト
作り方：①紙パック6本をそれぞれ、注ぎ口を開いて切り込みを入れ、折りたたんでセロハンテープで貼り、四角柱を作る。
②イラストのように①をセロハンテープなどで貼り合わせる。側面に色画用紙をのりで貼り、段の部分には赤いフェルトを両面テープや接着剤で貼る。

紙コップびな

小さなひな壇にピッタリサイズの
おひなさまには、折り紙の着物を着せて。

材料：紙コップ(205ml)、折り紙、千代紙、色画用紙など
作り方：①紙コップの底を上にして、下部分に折り紙を巻いてのりで貼る。
②紙コップの底部分をペンで黒く塗り、色画用紙で冠などを作ってのりで貼り、顔を描く。

早春 ひなまつり

さらにヒント！ あると楽しい飾り小物

ひな壇を彩る小物のアイデアです。
ひなまつりごっこにも使えます。

お茶セット（お菓子・お茶）

材料：紙皿、お花紙、ラップ、トイレットペーパーの芯、千代紙、厚紙、毛糸
作り方〈お菓子〉：丸めたお花紙数個をラップで包み、紙皿のフチを切り取って小さくしたお皿にのせる。
作り方〈お茶〉：短く切ったトイレットペーパーの芯に千代紙を巻いて、両端を内側に折り込む。丸く切った厚紙にのせて接着剤で貼る。中に毛糸を入れる。

花飾り（橘・桜）

材料：折り紙、ポリ袋、紙パック、色画用紙
作り方：①折り紙8～10枚を1枚ずつ丸めてポリ袋に入れ、丸くなるようにセロハンテープでとめる。
②折り紙を小さく丸めたり、花の形に切って①に両面テープで貼る。
③高さ7cmに切った紙パックに色画用紙を貼り、②をのせてセロハンテープで貼る。

ぼんぼり

材料：色画用紙、レジ袋（白でもOK）、トイレットペーパーの芯、折り紙、厚紙
作り方：①細長く切った色画用紙4枚をイラストのように重ね、丸めたレジ袋に巻いてセロハンテープでとめる。

②トイレットペーパーの芯に折り紙を巻いてのりで貼り、①をのせてセロハンテープでとめる。底に四角く切った厚紙を接着剤で貼る。

楽しく飾ろう！

個性いっぱい マイおひなさまを作ろう

封筒やお花紙など、身近な素材で作るかんたんおひなさまたち。
顔を描くだけ、毛糸を巻くだけなど、子どもに合わせて部分部分の取り組みでもOK。
個性いっぱい、自分だけのオリジナルおひなさまを作りましょう。

材料：茶封筒、ティッシュペーパー、千代紙、色画用紙など
作り方：①ふた部分を切った茶封筒をイラストのように広げてつぶし、立体の部分にティッシュペーパーを入れる。
②イラストのようにじゃばらに折り、真ん中をセロハンテープでとめる。
③千代紙を前で重なるようにしてのりで貼る。丸く切った色画用紙にペンなどで顔を描き、冠をつけ、上のほうにのりで貼る。

テトラびな

三角のフォルムが素敵なおひなさま。
長形4号の封筒で作ると
ミニひな壇（72ページ）にもピッタリ。

両側を広げて整えると◎！

おひなさまが引き立つアイデア！

小さな男びなと女びなを飾れるひな壇。
紙コップびな（73ページ）を
しまっておくこともできます。

ふたりひな壇

材料：紙パック（1リットル）、色画用紙、千代紙、赤いフェルト、マスキングテープ
作り方：①紙パックの注ぎ口を開いて切り込みを入れ、折りたたんでセロハンテープで貼る。
②さらにイラストのように切り込みを入れる（ピンクの実線部分）。
③まわりに色画用紙をのりで貼り、細く切った千代紙をのりで貼って飾りにする。上の面にフェルトを両面テープなどで貼る。
④背面の切り口の真ん中あたりにセロハンテープを貼る(a)。切って先を少し折ったマスキングテープをふたに貼り(b＊フェルトの上は接着剤で貼る)、開閉できるようにする。

お花紙のドレスびな

華やかで存在感抜群！
自由にお花紙の組み合わせを
楽しんで！

早春　ひなまつり

材料：お花紙、モール、画用紙、色画用紙
作り方：①お花紙4枚を重ねてじゃばらに折り、真ん中を短く切ったモールで結ぶ。これを3本作り、それぞれイラストのように両端を切る。このとき、切り取る長さを少しずつ変える（a、b、c）。

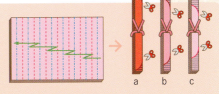

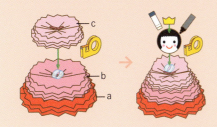

②①で作ったa、b、cを、それぞれ1枚ずつ丁寧にめくってふんわりとさせる。下から大きい順（a→b→c）に重ね、それぞれを輪にしたセロハンテープで貼り合わせる。
③丸く切った画用紙にクレヨンなどで顔を描き、一番上の花紙を立たせるようにして、輪にしたセロハンテープで貼る。色画用紙などで作った髪飾りや冠をのりで貼って完成。

和スイーツびな

ひなまつりには甘いお菓子がピッタリ！
思い思いにトッピングを楽しみましょう。

材料：お花紙、モール、画用紙、割り箸、紙コップ、毛糸、折り紙など
作り方：①お花紙を5〜7枚重ねてじゃばらに折り、半分に切る。真ん中をモールで束ね、1枚ずつ広げてお花を作る。

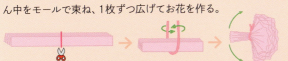

②丸く切った画用紙にクレヨンなどで顔を描き、裏に短く切った割り箸をセロハンテープで貼る。

③上半分ほどを切り取った紙コップに①のお花をのせ、②の顔を差す。毛糸や丸めた折り紙、飾りなどを接着剤でつける。

毛糸巻き巻きびな

好きな色の毛糸を巻いて、着物に見立てましょう。太めで起毛感のある毛糸を使うと、巻きやすくボリュームも出ます。

材料：トイレットペーパーの芯、毛糸、色画用紙

作り方：①トイレットペーパーの芯にペンで顔を描く。折り紙などで貼ってもよい。

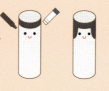

②毛糸は20〜30cm程度に切っておく。①に1本の毛糸の端をセロハンテープでとめてから、ぐるぐると巻きつけていき、巻き終わりを接着剤でとめる。次の1本の端を巻き終わりに合わせて接着剤でつなぎ、同じように巻いていく。

③色画用紙で作った髪飾りや冠などをのりで貼って完成。

タオル着物びな

タオルの色や模様、帯の紙の選び方で、ひとつひとつ個性ある人形に！

材料：ハンドタオル、輪ゴム、画用紙、割り箸、折り紙や千代紙、リボンなど

作り方：①ハンドタオルを半分に折ってくるくると巻き、真ん中に輪ゴムをはめる。

②丸く切った画用紙にペンなどで描いて顔を作り、裏に①の高さより短く切った割り箸をセロハンテープで貼る。

③①に折り紙や千代紙などで作った帯を巻いてセロハンテープでとめ、リボンをつける。②を上から差し込む。

飾り方のアイデア！

台座のひと工夫で、作品をさらに素敵に！

和柄のはぎれ

布を敷くと、紙との質感の違いが出て作品が引き立つ。はぎれは厚紙などに貼ると扱いやすい。

箱のふたに赤いフェルトを敷く

菓子箱などのふただけでも台座になるが、赤いフェルトを敷くとより雰囲気が出る。

箱の側面に縦じま模様

空き箱に黒い色画用紙を貼り、側面にマスキングテープなどで縦じま模様をつける。

ソックスびな

ペットボトルに靴下の着物を着せた、立ち姿のおひなさま。たくさん並べても素敵。

早春 ひなまつり

和柄のリボンの帯でおひなさま度がアップ！

無地の靴下と千代紙の帯の組み合わせ。

ツルツル素材のリボンを帯にして後ろで大きめに結ぶ。

材料：靴下、ペットボトル（250～350mℓぐらい）、色画用紙、折り紙、リボン、はぎれ、丸シールなど

作り方：①ペットボトルに水を入れてふたをしっかりと閉め、靴下をかぶせる。
②丸く切った色画用紙にクレヨンなどで描いたり、丸シールなどを貼って顔を作る。輪にしたセロハンテープなどで①に貼る。
③折り紙やリボン、はぎれの帯を巻き、色画用紙の杓や扇などを貼って仕上げる。

靴下のかかと部分を前に。

ソックス くるくるびな

靴下を丸めて作ります。ソフトな触り心地も魅力！

材料：長めの靴下、色画用紙、丸シールなど

作り方：①靴下を裏返して、はき口からくるくると巻き、つま先を少し残しておく。
②丸く切った色画用紙にクレヨンなどで描いたり、丸シールなどを貼って顔を作る。①のつま先部分に両面テープなどで貼る。

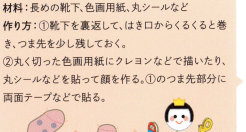

77

身近な素材でひと工夫 遊べるおひなさま

動かしたり、着せ替えしたりして遊べるユニークおひなさま。
遊んでから飾るもよし、飾ってから遊ぶもよし、ひなまつりをたっぷり楽しみましょう。
使う素材の色や模様で雰囲気もいろいろ変わります。

紙皿のなかよしびな

紙皿を半分に折って作る簡単びな。ふたり一緒にユラユラ〜！

材料：紙皿、折り紙、画用紙
作り方：
①紙皿を半分に折る。折り紙をちぎって、のりで貼る。

②画用紙にクレヨンなどで顔を描く。ビンのふたなどを使って同じ大きさの丸を準備しておくとかんたん。子どもたちに顔を描いてもらってからまわりを切ってもよい。

③①に②をのりで貼る。色画用紙で作った冠をのりで貼る。

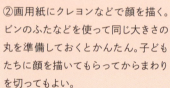
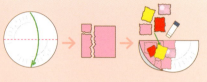

ユラユラ

おしゃべりびな

パクパク

パペットのように口がパクパク動きます。
三人官女や五人囃子も作ると楽しそう！

材料：紙コップ、折り紙など
作り方：紙コップにイラストのように切り込みを入れ、底を折って開き、顔の形に切る。ペンやクレヨンで目やほっぺ、髪の毛を描き、ちぎった折り紙、扇や冠などを貼る。

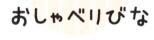

指がずれてしまう場合は、紙で作った輪っかをつけるとよい。

着せ替えびな

着物をおひなさまに着せて遊びます。
友達と着物を交換して遊ぶのも楽しい！

早春 ひなまつり

本体の人形の作り方

材料：トイレットペーパーの芯、キッチンペーパー、ティッシュペーパー、折り紙、マスキングテープ、色画用紙

作り方：①丸めたティッシュペーパーをキッチンペーパーで包み、ねじっててるてるぼうずの形にする。

変身！

千代紙を貼り、無地の折り紙を帯にしてメリハリを。リボンの形にしたモールを接着剤でつけて華やかに！

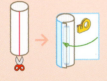

②①にちぎった折り紙の髪をのりで貼る。色画用紙で頭の飾り、目や口などを作って貼り、クレヨンでほっぺを描く。

③トイレットペーパーの芯を縦に切り、切り口を少し重ねてセロハンテープでとめる。折り紙を巻き、マスキングテープの帯を巻く。

④②を③に入れて接着剤などで貼る。

着せ替え着物の作り方

材料：トイレットペーパーの芯、折り紙（ホイルタイプ、千代紙など）、はぎれ、リボン、フリルテープ、モールなど

作り方：トイレットペーパーの芯に折り紙やはぎれを貼って、好きな素材（リボンやフリルテープなど）の帯を巻く。

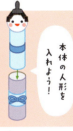

本体の人形を入れよう！

ポリ袋を使って

カラフルなポリ袋を使うと、ツヤ感が出て雰囲気がガラリと変わる！

布やリボンを使って

プリント柄のはぎれと、サテンリボン＆フリルでポップな着物に変身！

ホイル折り紙を使って

ホイル折り紙を貼り、マスキングテープの帯を巻いてキラキラおひなさま。

79

著者

いしかわ☆まりこ

千葉県生まれの造形作家。おもちゃメーカーにて開発デザインを担当後、映像制作会社を経て独立。工作、折り紙、手芸、絵本、人形など、子ども心を大切にした造形作品を発表している。現在はNHK Eテレ「ノージーのひらめき工房」の工作の監修（工作アイデア、工作制作）を担当。著書に『サンリオキャラクターズとかわいいクラフト』『サンリオキャラクターズと女のコおりがみ』（ともに小学館）などがある。

イラスト	もぐらぽけっと
撮影	藤田修平、茶山 浩、鈴木真弓
デザイン	和田美沙季、上條美来（レジア）
校正	松井正宏
単行本担当編集	木村里恵子、阿部忠彦（小学館）

撮影協力
小学館アカデミー飯田橋ガーデン保育園、佐々木 伸

本書は『新 幼児と保育』2018年10/11月号、2018〜2019年12/1月号、2019年2/3月号、6/7月号、10/11月号、2019〜2020年12/1月号、2020年2/3月号、10・11月号、2020〜2021年12/1月号、2021年2/3月号、2021年6/7月号、2021〜2022年12/1月号、2022年春号〜秋号、2023年春号、秋号、2024年冬号、夏号〜秋号、2025年冬号、『新 幼児と保育』公式サイト「みんなの幼児と保育」に掲載した記事に、撮りおろし作品を加えて加筆、再構成したものです。

新 幼児と保育 BOOK

かわいい！ かんたん！
子どもと作って遊ぶ 季節の製作アイデア

2025年3月4日　初版第1刷発行

発行人	北川吉隆
発行所	株式会社 小学館
	〒101-8001 東京都千代田区一ツ橋2-3-1
編集	03-3230-5686
販売	03-5281-3555
印刷所	TOPPAN株式会社
製本所	株式会社若林製本工場

© Mariko☆Ishikawa 2025
Printed in Japan
ISBN 978-4-09-840245-8

小学館webアンケートに感想をお寄せください。
毎月100名様 図書カードNEXTプレゼント！
読者アンケートにお答えいただいた方の中から抽選で毎月100名様に図書カードNEXT500円分を贈呈いたします。
応募はこちらから！▶▶▶▶▶▶▶▶▶▶▶
http://e.sgkm.jp/840245
（子どもと作って遊ぶ　季節の製作アイデア）

造本には十分注意しておりますが、印刷、製本などの製造上の不備がございましたら「制作局コールセンター」(0120-336-340)にご連絡ください。(電話受付は、土・日・祝休日を除く9:30〜17:30)
本書の無断での複写(コピー)、上演、放送等の二次使用、翻案等は、著作権法上の例外を除き禁じられています。
本書の電子データ化などの無断複製は著作権法上の例外を除き禁じられています。
代行業等の第三者による本書の電子的複製も認められておりません。